リーダーのためのコーチングがイチからわかる本

部下を持ったら身につけたい！

プロフェッショナルコーチ／税理士
EMP税理士法人 代表
あべき光司

すばる舎

はじめに

「初めて部下ができたけれど、どうやって部下を育成すればいいのだろう？」

「自分はスキル不足なのではないか？」

「部下に厳しいことを言うときにどう伝えたらいいのか？」

マネージャーになったばかりの方は、こんな悩みを持っておられるかもしれません。


あるいは、ベテランのマネージャーの方なら
「若い部下とは考え方が違いすぎて言葉が通じない」

「自分の今までの経験やスキルが通用するのか？」

「やる気の低い部下にどう対処すればいいのか？」

といった問題を感じておられるかもしれませんね。

この本を手にとっていただき、ありがとうございます。私は社員30人ほどの税理士法人の代表をしています。私の仕事の中でも部下の育成は、最もチャレンジングでやりがいのある仕事の1つだと思っています。

私も会社を立ち上げて2年くらいたったころ、部下との関係がギクシャクしはじめ、何をしてもうまくいかずに悩んでいた時期がありました。仕事が猛烈に忙しくなって、「私はこんなに忙しいんだから、みんな、もっと自分からどんどん仕事を引きとってくれよ」と不満に思っていたのです。

実際は、私だけが忙しいわけではありません。部下は部下の立場で忙しく働いています。しかし、それが私にはまったく伝わってきませんでした。

今の、私の会社のマネージャーたちを見ていても、クライアントと話をしても、やはり部下の育成には悩みを持っている人が多いように思います。本人はとても忙しくしているのに、なかなか部下が思うように動いてくれず、つい「自分がやったほうが早い」と仕事を抱えこむのです。これでは、そのうちに本人がパンクします。

「どうして、みんな動いてくれないんだろう?」

と思っていた私が、部下との関係を改善できたのにはあるきっかけがありました。

部下の指導にコーチングを使うようになったのです。

私は税理士になる前から、クライアント(受け手側)として10年以上コーチングを受けてきました。私が税理士になれたのはコーチングのおかげと言ってもいいくらいで、コーチングの効果はよく知っていました。

部下との関係がうまくいっていないと感じた私は、コーチングを学びはじめ、部下と接するときにコーチングをとりいれるようになりました。すると、**少しずつ部下との関係が良くなっていった**のです。

もちろん今でも課題はありますが、コーチングを学んだことで、部下がしたいことと、自分が彼らにしてほしい仕事をどう結びつけるかを、対話を通して探っていけるようになりました。

その結果、**部下が自発的に動いてくれるようになった**のです。

現在、私は自分が苦手な税務の仕事はまったくしておらず、税務の仕事はすべて、税務が得意な社員たちに任せています。

今の私の主な仕事は、自分の得意なコーチングやコンサルティングなどです。国際コーチング連盟のプロフェッショナルコーチという資格も取得し、プロのコーチとして、多くのクライアントの目標達成や、夢の実現のサポートをしています。

自分の会社のマネージャーたちとは月に1回、コーチングをベースにした1《ワン》on《オン》1《ワン》ミーティングをしています。マネージャーたちも、自分の部下とのミーティングにはコーチングを使っています。

そのおかげで、会社の中でも少しずつ、自発的にいろいろなことにチャレンジしてくれる社員が育ってきていると実感しています。

自走する組織をつくりたければ、組織をコーチングでまとめることが欠かせません。

1on1ミーティングでは、その仕事をすることで、自分はどんなことができるようになるのか、どう成長できるのかといったメリットを部下が自分で思い描けるように上司がサポートします。

自分の将来が描けると、部下は自然とその仕事をしたいと思うようになります。そうすると、上司と部下が同じほうを向いて、前へ進めるようになります。

上司が部下に自分の希望を押しつけるのではなく、部下が自発的に仕事をするようになり、共に目標に向かって進めるようになります。

コーチングを使って、部下にしっかりと仕事の価値を伝え、部下が「私はこの仕事を頑張りたい、この仕事をすることで自分はもっと成長できる」と前向きに仕事に取り組むようになってもらうこと。それこそが、コーチングを使った1on1ミーティングの効果なのです。

とはいえ、部下が新しいことにチャレンジしたからといって、すぐにうまくいくことばかりではありません。何事にも失敗はつきものです。私のモットーの1つに「**10点合格**」という言葉があります。

何か新しいことをしたいと思ったら、100点満点を目指して完全に準備が整うまで何もしないのではなく、「まずは10点でいいからやってみよう」とチャレンジしてみる。当然初めはうまくいかないので、うまくいかなかった点を修正してまたやってみる。部下は何度もそれをくり返して、少しずつ100点に近づける。上司はそのサポートをすればいいのです。

この本には、私のこれまでの実体験をもとにしたコーチングのノウハウがいくつも含まれています。この本を読んでくださるみなさまのお役に立てることがあれば、これ以上に嬉しいことはありません。

あべき光司

目次

第1章 「自分でやったほうが早い病」にならないために

第2章

「聞く」にはコツがある

第3章

30分で信頼関係を築く

第4章

「質問」を極める

第5章 目的を持って質問をつくる

第6章 アカウンタビリティの高い組織をつくる

第7章 「フィードバック」を極める

第8章 コーチングのプロセスを知る

巻末付録

PCCマーカー

第1章

「自分でやった ほうが早い病」に ならないために

リーダーになったら、まずは知っておきたい「カッツモデル」

「自分でなんでもやってしまう人」は天井に激突

経営者やマネージャーなどのリーダーの中には、「自分でやったほうが早い」と思って、部下にやらせずに、なんでも自分でやってしまう人がいます。

「自分でやったほうが早い病」と私は呼んでいますが、**リーダーがこの病にかかってしまうと、その組織はダメになります。**部下がやるべき仕事をリーダーがとりあげると、リーダーも部下も、どちらも成長できなくなるからです。

人には段階に応じて役割があります。

大学を卒業し、社会人としての第一歩を踏み出した新入社員は、速く正確に担当の仕事をする能力が求められます。

しかし入社して何年か経つと、求められるものが変わり、部下の育成やマネジメントが新たな要素として加わります。

さらに役職が上がると、組織全体を運営する能力が求められるようになります。

ところが**多くのビジネスパーソンは、自分の役職が上がるごとにルールが変わることに気がついていません**。だから、マネージャーになっても、部下に仕事をやらせるのではなく、それまでと同じように自分で実務仕事をしてしまいがちです。

そうすると急に周りから評価されなくなるので、「自分はこんなに一生懸命やっているのに、会社は認めてくれない」と落ちこむことになります。

職位や役割を説明した「カッツ理論」

職位の変化による役割の変化を説明した理論として、ロバート・カッツ（Robert

Katz）が提唱した「カッツ理論」があります。

その理論を手本にした「カッツモデル」では、組織を縦に3つのレベルに分けます。**ローワーマネジメント、ミドルマネジメント、トップマネジメント**です。

ローワーマネジメント…組織内では、一般社員や主任、係長に当たります。「ちゃんとやる人、実行する人」です。

現場をうまくまとめるのが主な役割で、上からの指示を徹底して実行することが求められます。

ミドルマネジメント…課長、マネージャーに当たります。「なんとかして目標を達成する人」で、自分の部署の目標達成に責任を持ちます。自分で直接実務は行わずに、チーム全体の力でなんとかして目標を達成する方法を考え、実行します。

このクラスの人が自分で仕事をして目標を達成したとしても、それが評価につながるわけではありません。部下にやってもらって目標を達成することで、初めて評価されます。

トップマネジメント…ひと言で言うと「決める人」であり、会社経営に携わる人です。経営方針や経営戦略を決定するのが仕事です。

マネージャーから上がってくる情報を精査し、それらをもとに意思決定を行います。具体的に何かを実行するのではなく、マネージャーがした仕事の責任をとるのが仕事です。

このクラスの人の仕事は3つしかありません。「**旗を振ること**」「**成果に対して感謝すること**」、そして「**部下の失敗やミスの謝罪をすること**」です。

自分1人では何もできませんので、忍耐力をものすごく鍛えられます。

ある映画の中で、「リーダーの一番の仕事は許すことだ」というセリフがありました。「本当にその通りだなぁ」と私も日々実感しています。

この3つのマネジメントレベルは、レベルによってルールがまったく違います。そのため、役職が上がってルールが変わったときに、自分の慣れ親しんだやり方を続けようとしてもうまくいきません。

たとえばソフトボールと軟式野球と硬式野球の3つは、見かけは似ていますがルールが違います。

硬式野球のルールのままでソフトボールをしても、うまくいかないだろうというのはわかりますよね。

3つのマネジメントレベルも、一見似ていますがまったく性質が違うので、前のやり方だとうまくいかないのです。

まとめ

役職が変われば、求められる役割も変わり、今まで通りのやり方で仕事をしてもうまくいかなくなる。

「カッツモデル」で求められる3つのスキル

マネージャーが効率良く仕事をこなすにはスキルが必要

カッツモデルでは、マネージャーが効果的に仕事を遂行するために必要なスキルを3つに分類しています。**テクニカルスキル**、**ヒューマンスキル**、**コンセプチュアルスキル**の3つです。マネジメントの階層によって、それぞれのスキルが求められる割合が変わってきます。

テクニカルスキル…業務を確実に行うために必要となる実務的な技術や能力です。たとえばパソコン操作が得意、ＩＴ技術に長けている、経理が得意、電話対応が素晴らしい、商品知識が豊富、セールスのプレゼンが上手、といった専門的なスキルです。

ヒューマンスキル…周りの人たちと人間関係を築き、それを良好に保つために必要な能力、スキルです。部署のメンバーを引っ張っていくリーダーシップや、上司や部下、お客様、取引先など周りの人たちと良い関係を築くことができるコミュニケーション力、上手に他人の意見を聞くことができる傾聴力、言いたいことを人に伝えるプレゼンテーション力、あるいは交渉力などです。

コンセプチュアルスキル…部下から上がってくる断片的な情報を集めて、その中から問題の本質を見極めて判断をする能力です。

これにはロジカルシンキングやクリティカルシンキング、問題解決力などが含まれ、客観的に物事を分析し、原因と結果のつながりを理解することが求められます。

＼＼マネジメントレベル別、必要なスキルの割合＼＼

カッツモデル（カッツ理論）

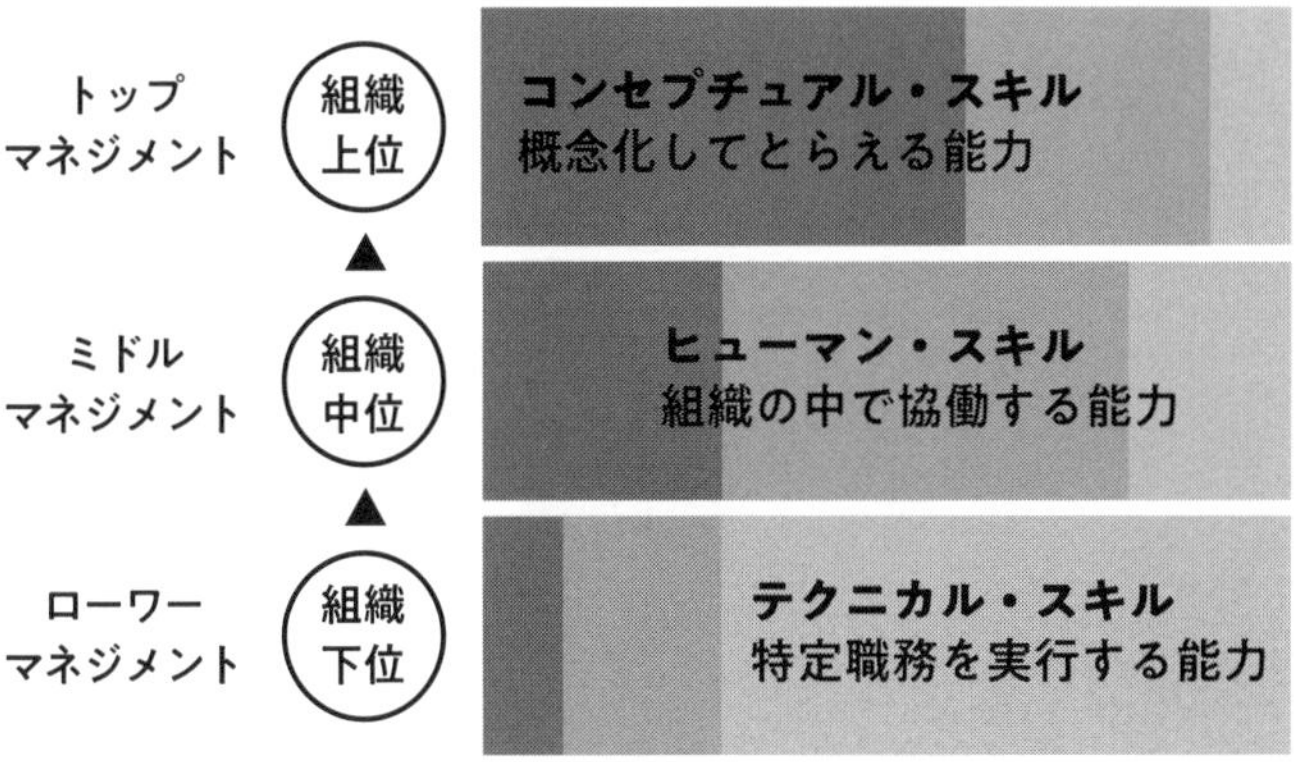

これら3つのスキルは、どのマネジメントレベルにおいても必須となりますが、**レベルに応じて必要とされる割合が異なります。**

ローワーマネジメント…「ちゃんとやる人、実行する人」であるローワーマネジメントに求められるのは、主にテクニカルスキルです。

　ローワーマネジメントには、おおよそテクニカルスキルが70%、ヒューマンスキルが20%、コンセプチュアルスキルが10%くらい求められている、と考えておくといいでしょう。

ミドルマネジメント…ミドルマネジメントは、部下の指導をするだけでなく、上司から指示を受ける立場であり、取引先や顧客の中でも決済権のある人と話をする最前線に立つ人です。彼らは多様なコミュニケーション手段を駆使して組織の内外と良い関係を築きます。

また、リーダーシップを発揮してチームを目標達成に導く能力、他人の意見を傾聴したり、効果的にプレゼンテーションや交渉を行うスキルも必要です。ミドルマネジメントには、高い人間関係スキルが求められるのです。

各スキルの割合は、テクニカルスキルが30％、ヒューマンスキルが50％、コンセプチュアルスキルが20％くらい求められている、と考えておくといいでしょう。

トップマネジメント…部下からの断片的な情報をとりまとめ、問題の本質を見極めて判断することが求められます。こうした仕事をするトップマネジメントには、コンセプチュアルスキルが最も重要です。

これにはロジカルシンキングやクリティカルシンキングが含まれ、客観的に物事を分析し、原因と結果のつながりを理解することが求められます。

テクニカルスキルは10％程度、ヒューマンスキルも30％程度は必要ですが、最も重要なのはコンセプチュアルスキルで、60％くらいは求められていると考えておくといいでしょう。

まとめ

テクニカルスキル、ヒューマンスキル、コンセプチュアルスキルの3つを、役職に応じて使い分ける。

上に行くほど重要になる ヒューマンスキルやコンセプチュアルスキル

階層が上がると、戦う土俵がガラリと変わる

昇進すると、求められるマネジメントも違ってきますし、要求されるスキルも変わります。

最初は、テクニカルスキルを磨くように、と教えられていろいろな実務能力を身につけます。マネージャーになると、実務はもういいからヒューマンスキルを身につけるように、と言われます。

マネージャーが部長、本部長、取締役とさらに上がっていくと、ヒューマンスキルなんて大事に決まっているじゃないか、トップマネジメントに求めているのは、物事

の本質を見極める力、つまりはコンセプチュアルスキルだ、となります。

こうして全体を見るとわかりやすいのですが、実際に会社の中で一段ずつ階層を上がっていく本人は、階層が上がったことで戦う土俵がガラリと変わったことにすぐには気がつきません。**そのまま、今までのやり方を続けてしまいがちです。**

これは私自身の体験としてもそうですし、私の会社のマネージャーを見ていても、クライアントの話を聞いても同じことが起こっています。

しかしながら、自分が周りから求められている役割やスキルが変わっていることに気づかず、古いやり方を続けると、組織の成長を妨げてしまいますから要注意です。

「自分がやったほうが早い病」の正体

たとえばマネージャーと社員数人で構成されている営業チームを例に考えてみます。

数人の部署であれば、マネージャーのヒューマンスキルがそれほど高くなくても、営業力が高いと多くの仕事を獲得ができるので評価されます。

しかし、そのマネージャーは部下にどう接するかとか、どう成長してもらおうといったことをあまり気にしていません。自分でやったほうが早いので、プレイングマネージャーとしてなんでも自分でやってしまいます。

そういう上司は、自分が仕事ができるので、できない部下にはきつく当たることもあります。

この例のように、**ヒューマンスキルが求められているのにそこをないがしろにしていると、往々にして部下が辞めてしまう、という形で問題が起こってきます。**

また、上司は**自分が直接担当する会社ばかりが増えて、忙しさで目が回りそうになります。**

「どうしてうちの部下は働かないんだろう？」「なんで、私のところに来る社員はすぐ辞めるのか？」とイライラしますが、原因が自分にあることにはまったく気づいていません。

まさに、独立してしばらくたったころの私と同じです。

役職が上がるとルールが変わることを理解していないと、結局、今までの仕事のやり方を続けようとしてしまいます。主任クラスがマネージャーに昇格した場合に起こりがちな「自分がやったほうが早い病」は、この典型なのです。

新たな役割ではチームとしての成果を求められているので、ヒューマンスキルが必要なのに、自分の持っているテクニカルスキルに頼ってしまっている状態です。

部下を1人でも持ったら絶対に必要

このように、上司がテクニカルスキルに長けていると、ヒューマンスキルが足りなくてもスタッフが数名までは何とかなります。しかし、そういう組織ではみんながハッピーではありません。それ以上に組織を大きくしようと思えば、コーチングのスキルが絶対に必要になってきます。

上司がヒューマンスキルの重要性に気づき、コーチングを学んで使いはじめると、チームの雰囲気が良くなり、部下の数が増えてもチームが回るようになります。**コーチングのスキルは、部下を1人でも持ったら絶対に必要だ**、と私は思っています。

同じように、課長やマネージャーがトップマネジメントである部長や本部長に昇進したら、コンセプチュアルスキルが必要になりますが、その考え方に慣れていないために「社長の言っていることは間違っている」などと思うことがあります。

人間は、どうしても今まで自分のいた世界の物差しで見たり考えたりしてしまうので、新たな役割ではルールがガラッと変わっていることに気がつかないのです。

周りの環境が変わったわけではないのに、自分の役職が上がっただけで求められるスキルも変わっているなんて、気がつかないのも当然かもしれません。

マネジメントレベルに応じて必要なスキルが変わることを知り、役職が上がるたびにその変化への適応を意識することが、非常に重要です。

テクニカルスキルを中心に業務をこなしていた人が、ヒューマンスキルやコンセプチュアルスキルの重要性を理解しはじめると、**見える世界が変わってきます**。

今まで、私は多くの組織を見てきました。過去の自分を振り返っても、今の私の部下を見ていても、「多くの人は、自分に求められる役割やルールが変わっても気がついていないな」と感じます。

「役職が上がれば自分の役割も変わり、今までとは違うスキルが求められる」と知っているだけでも、実際に役職が上がったときに、仕事のルールが変わったことに気づけるのではないでしょうか？

まとめ

役職が上がると、これまでとは違うスキルが求められる。役職に応じて仕事のやり方を変えなければならない。

自分1人でするよりもチームで取り組むほうが効率的

マネージャーが一番してはいけないこととは？

チームで成果を出すには、リーダーはどうすればいいでしょうか？
ここでいうリーダーとは、カッツモデルでいうミドルマネジメントです。求められるのは、自分自身で実務をすることではありません。実務は部下にさせて、なんとかチームの目標を達成することがミドルマネジメントで求められるミッションです。チーム全体で成果を出すことが求められています。

自分1人で取り組むよりも、チームの全員で取り組むほうが絶対に効率的です。自分が実務をしてしまうと、上司自身が疲弊して、「なぜ部下は評価されるのに、それ以上に頑張っている私は評価されないのか」と感じることになります。部下と自分の評価基準が違うことに気づいていないのです。

ミドルマネジメントの役割は、「目標を達成するためにチームでなんとかする」ことです。チームで成果を出すために自分自身が実務をするのは、一番してはいけないことで、**やるとしても最後の手段**だと認識しましょう。

／／マネージャーが実務を頑張っても評価されない／／

カッツモデルに当てはめると、実務はローワーマネジメントとその部下たちが担当することとです。彼らは実務をして評価されるからです。

言うのは簡単ですが、マネージャーになって自分の感覚としてわかるまでには時間がかかります。「言われていることは頭ではわかるけど、でも自分がやったほうが早いから」となったりします。しかし、本当にそうでしょうか？

例として、数人の営業チームの仕事で考えてみます。メンバーがそれぞれ40社～50

社を担当していたら、チーム全体で200社くらいを担当することになります。マネージャーが個々の会社を見ようとしても、200社すべてを見ることは不可能です。トップマネジメントからは「あなたが直接お客様を訪問しても評価しません」と言われます。たとえマネージャーが徹夜して全社をカバーしようとしても、マネージャーのその努力は評価されません。部下も、自分の仕事を上司が奪ったと感じて、不満を持つ可能性があります。

200社を管理するには部下に適切に動いてもらい、マネージャーは全体を見渡すことが必要になります。

このように、役割が上がるごとに求められるスキルセットが変わり、それに適応しなければチーム全体の仕事の効率や個人の評価に影響を与えます。それを理解して**環境の変化に適応する**ことが、効果的なマネジメントへの鍵となります。

まとめ

上司である自分と部下とでは評価基準が異なる。環境の変化に適応することが大切。

マネジメントレベルに応じて読む本も変わる

テクニカルな知識から、より抽象的で概念的な知識へ

少し本筋からはずれるかもしれませんが、**マネジメントのレベルが上がるにつれて、読む書籍の種類も変わってくる**と私は感じています。

たとえばローワーマネジメントのときには、テクニカルスキルが重要です。

私たち税理士や、経理の担当者であれば、簿記や税務の専門書、業務の効率化といった実用書など、直接自分の業務に関わり、自分のスキルやテクニックを高めるための本を中心に読みます。

これらの実用書は、書いてあることの中から現在の自分に必要な事柄をいくつかピックアップして、参考にし、実践するための本だと言えます。

一方でトップマネジメントになると、コンセプチュアルスキルが重要になりますから、歴史小説や人間学、哲学書のような、より幅広い視野と深い人間理解を求められる書籍を読むようになります。

私自身、最近は歴史に関する書籍や、司馬遼太郎さんの歴史小説などを多く読むようになりました。過去に生きた人々がどのような状況下でどのような決断を下し、その結果どうなったかを学ぶことで、現代のマネジメントにも通じる判断力を養えます。

直近では昭和史に関する本などを読み、そのときどきの政治的・経済的状況を理解し、そこから得た知見を現代のビジネス環境でどう生かすかを考えています。

すべての情報がそろわない中で、決めなければいけないのがトップマネジメントの立場です。部下から上がってくる情報を全部聞き、状況を見て、全体像を整理して、その中で何をするか、何をしないかを判断しなければなりません。

そのときに、今までのリーダーたちがどんな状況でどんな判断をしたのか、という過去の事例はものすごく参考になります。

このように**マネジメントのレベルが上がるにつれて、テクニカルな知識から、より抽象的で概念的な知識へと求められる内容が変わり、その学び方も変わってくる**、というわけです。

まとめ

人間理解、判断力……。歴史書を通して過去のリーダーたちから学べることもたくさんある。

上司にコーチング力があるとチーム内のコミュニケーションが円滑に

ミドルマネジメントにこそコーチング力は必須

ヒューマンスキルの中でも、コーチング力は非常に大事です。**コーチングがしっかりできるミドルマネジメントの人は、チームをうまくまとめて、チームで成果を出すことができます。**

当たり前のことですが、マネージャーになってすぐのときにはコーチングができない人が多いです。しかし、コーチング力はミドルマネジメントには必須のスキルですから、ぜひこの本を読んでしっかり身につけてください。

マネージャーになると、役割が180度変わります。

チームのメンバーの一員として、自分でコツコツ頑張って成果をあげてきた人たちが、今度は自分でチームを率いて、自分ももちろん成果を出すけれども、チームの1人ひとりのメンバーみんなに成果を出してもらうことに重きを置くようになっていきます。これは、ものすごくダイナミックな変化です。

たとえば、セールスで今まで自分1人で成果を出していたときの顧客が20社〜25社だったとします。マネージャーになると、チーム全体を見ることになります。そうすると、**マネージャーが見るべき顧客の数は、いきなり5倍〜10倍の150社〜200社に増えます**。これがミドルマネジメントの人が見る顧客数です。そうなると、顧客に直接影響を与えることはできません。

今までローワーマネジメントをやっていたときは、時間管理術を学んだり、専門の知識を広げたり深めたりして、自分のスキルを上げて、顧客数を20社から25社、25社から30社へと増やすことで成果をあげてきました。

しかし、チーム全体で150社、200社となってくると、自分の実務的なスキルを伸ばすより、チームメンバーとのコミュニケーションを良くするほうがよほど重要です。**コーチングを行い、メンバーのやる気を引き出すことができれば、1人ひとりが力を出すことで、売上を一気に5倍～10倍に増やすことも可能**だからです。

上司がコーチングを使ってうまく部下のやる気を高められるようになると、チームのメンバー同士のコミュニケーションも活発になり、チームとしての成果が上がります。

チーム力を高めるための要となるのは、コーチングなのです。

まとめ

マネージャーは自身の実務的スキルを伸ばすよりも、チームメンバーとのコミュニケーションを良くするほうを重視する。

Column

私とコーチングとの出会い

私は今、プロフェッショナルコーチの資格を持っており、多くの方々にコーチングのサービスを提供するだけでなく、コーチを目指す方々への指導も行っています。

コーチングを提供することで、みなさんが人生を変えるお手伝いをしています。

そもそも私がコーチングと出会ったのは、2000年のことでした。その当時、私は中小企業診断士の勉強をしていました（今は、勉強は休憩中です［笑］）。

現在の中小企業診断士の受験科目にはありませんが、当時の受験科目には「助言理論」という科目がありました。今でいうところのコーチングです。その「助言理論」が、私には非常に面白かったのです。

中小企業診断士の勉強をしているとき、福住昌子さんという方と知り合いました。福住さんは2000年には中小企業診断士の資格を取得されていました。当時の私から見ると、憧れの先輩です。その憧れの先輩の福住さんが、2003年にビジネスコーチとして独立しました。

当時の私には、ビジネスコーチで独立するということに、ものすごく違和感がありました。「助言理論（コーチング）って人の話を聞くだけのことなのに、それを職業として独立できるのか？」と非常に驚きました。

コーチングってなんだろう？　と興味を持ち、福住さんのコーチングを受けることにしたのです。

そのため、私がコーチングを受けはじめたのは、実はコーチングの必要性を感じていたからではありませんでした。コーチングという「人の話を聞く」仕事があって、職業として独立できることに興味を持ったのが最初です。

コーチングを受ける動機としては、少し不純ですね。

しかし、ちょっとした興味から受けはじめたコーチングに、私は人生を救われることになりました。

コーチングが、実際に私の人生をどう変えたのか？　というと2つあります。

1つ目は、「自分が本当は何をしたかったのか？」に気づかされたことです。

当時、私は人生に迷っていました。本当に自分がしたいことはなんなのか？　自分にとって大事なのはどんなことか？　といったことをよく考えていました。

今振り返ってみると、当時の私は本当に自分がしたいことよりも、周囲から求められることを優先していました。

しかし、迷っているときには、本当は自分が何をしたいのか？　と自分に問いかけたところで、なかなか1人では気づけないし、解決もできないものです。

そのような状態で迎えた最初のコーチングのセッションは、今でもはっきりと覚えています。セッションの最中に、チェーンプロセスというワークを行いました。これが、すごく良かったのです。

やることはシンプルです。廊下に1本の線

を引いて、その線の途中に4本の短い線で印をつけます。線と線が交わる点が、自分の1年後、2年後、3年後、5年後です。一番端が、今自分がいる時点です。出発点から線の上を歩いていって、1本目の線で立ち止まります。ここが1年後の私です。

コーチの福住さんが私に「今、あなたは1年後にいます。何が見えますか？　何が聞こえますか？　何を感じますか？」と質問します。私は質問に答えて、もう一歩進みます。

今度は、2年後の私です。「何が見えますか？　何が聞こえますか？　何を感じますか？」とまた福住さんが聞きます。

そうやって、私は未来に向かって一歩一歩進んでいきました。そして5年後の私になりました。

5年後の自分は、税理士としてバリバリ活躍していました。その自分の姿が、めちゃくちゃかっこ良かったんです！「5年後のあなたが振り返って、現在のあなたを見たときに、どんなアドバイスができますか？」とコーチの福住さんの声が聞こえました。

そのとき、私に湧き上がった感情は今でもまざまざと思い出せます。私はそのとき「今がうまくいってない？　絶対にできるから、そんな小さなことでくよくよするな！」というような言葉を当時の私にかけました。それくらい、5年後の自分の姿はかっこ良かったのです。その姿を想像した瞬間、「これだ！これこそが私がやりたいことだ。私は絶対に税理士になる」と決意しました。

2つ目は、心が揺らいだときに初心に戻らせてくれたことです。

「私には税理士しかない」と思ってはいても、途中で大きな挫折を経験すると心が揺らぎます。税理士試験の全科目に合格するまでに、私は7年かかりました。

7年間もかかると、モチベーションが下がることもありますし、お金が続くのかな？と心配にもなりました。当時、私には大きな借金があったのでお金の問題は深刻でした。

やっと税理士試験に受かったと思ったら、そのあとで税理士会への登録に関してトラブルがあり、ほかにもいろいろな問題が起こりました。そのたびに、もう続けることができないのではないか？と思いました。

そういう大きな挫折を何度も乗り越えられたのは、コーチングがあったからです。コーチと真剣に話をしながら、自分で決めていくことができたからです。

今、当時を振り返っても、あのコーチングがなければ私の現在の人生はなかったと断言できます。たぶん今ごろは税理士法人の社長ではなくて、関西の中小企業でふつうにサラリーマンをやっていたのではないか？と思います。

コーチとクライアントの関わり方は、人によってもまったく異なりますし、コーチングにどれだけの価値を、どこに見出すかも違っていると思います。

しかし、私にとってコーチングとの出会いは、それほど大きな意味のあるものだったのです。

第2章

「聞く」には
コツがある

聞いているようで多くの人が聞けていない

「聞いている」という勘違い

あなたは、ふだん人の話をしっかり聞いていますか？

そう聞かれると、「いや、そんなの聞いているに決まってるよ」と思う人も多いかもしれません。なぜコーチングの具体的なノウハウ解説の最初に「聞く」というテーマをとりあげたかというと、実は「聞く」ためにはコツがあり、うまくなるためにはトレーニングが必要だからです。

多くの人は、ふだん耳から言葉が自然に入ってくるので、「自分は人の話を聞いている」と勘違いしています。しかし、実際には聞けていない人が本当に多いのです。

私はクライアントの会社の社長から、部下をマネジメントする難しさについて相談を受けることが多いのですが、よく聞いてみると、原因の多くは本人が部下の話を聞いていないから起こっています。

みなさん、「自分は部下の話を聞いている」と思っているのですが、**実際には聞けていない人がほとんど**です。

だから、あなたが「聞く」ことを少しでもトレーニングすると、ほかの人と圧倒的な差をつけることができます。なぜなら、多くの人が「聞く」ことを重要視していないからです。

／／存在を否定されているような感覚を引き起こすこともある／／

あなたが誰かと会話をしているときのことを、少し思い浮かべてみてください。

相手の話を集中して聞いているようにふるまっていても、**内心で、「次は何を話そうか？」と考えていた**経験はないですか？

また、相手が最後まで話し終わらないうちに、**話を途中でさえぎってしまった**ことはありませんか？

そんな経験があるとしたら、この2つの状況に共通して言えることは、「あなたは、相手の話を聞いていなかった」ということです。

では、あなたに話を聞いてもらえない状況のとき、相手はどんなふうに感じるでしょうか？

相手は「自分の発した言葉の内容があなたに伝わらない」というだけでなく、「**あなたに伝えようとしている自分の意思さえも、あなたには伝わらない」という印象**を持ちます。

これが繰り返されると、相手に「あなたから、自分の存在が否定されているような感覚」を引き起こしてしまいます。

大げさだと思うかもしれませんが、これは大事なポイントです。

まとめ

自分にとっては軽い気持ちの「聞いていなかった」も、相手次第では、存在を否定されたようにとらえられることがある。

話を聞いてもらえることで高まる自己効力感

＼＼人は自分の存在を感じていたい／／

ふだんの生活の中でも、仲の良い友達同士や夫婦の間で議論や喧嘩になり、どちらかが一方的に話しているということはありませんか？

たとえばAさんとBさんが2人で話をしていて、一方的にAさんが話しているとしたら、そのとき2人の心の中ではどんなことが起こっているでしょう？

このとき、話しているAさんは満足しています。言いたいことを全部話しているので、自分のことを理解してもらえた、という感覚を持てるからです。

自分の話をしっかり聞いてもらえると「自己効力感」が高まる

一方のBさんは、自分の話を聞いてもらえていない、自分のことをわかってもらえていない、という気持ちが強くなります。

カナダ人の心理学者アルバート・バンデューラ氏が提唱した「**自己効力感**」という概念があります。

これは「自分の外側で起きている事柄に対して、自分が影響を及ぼすことができる感覚」のことです。

自分の話をしっかり聞いてもらうことによって、人は「自分の存在が受け入れられている」感覚を持つことができますが、まさにその感覚こそ、「自己効力感が高まっている状態」だと言えます。

自己効力感が生まれると、より自分を表現したい気持ちが強まり、新たなことに挑戦する力に変えていくことができます。行動力がつくのも、自己効力感の生むメリットの1つです。

まとめ

自分の話を聞いてもらい、自分の存在を受け入れてもらえたと感じられると、人はより自分を表現したくなる。

人が「話す」2つの目的

＼＼相手のためにも自分のためにも話す＼＼

「聞く」スキルを身につけるためには、「人がなんのために話すのか？」、その目的を理解しておくことがとても重要です。

人が「話す」目的は主に2つあると考えられています。

1つ目の目的は、「相手に情報を伝達するため」です。**自分が情報を発信し、相手がそれをキャッチする**ことを目的としており、これを「**パラクライン**」と言います。

そして、2つ目の目的は「自分の話を聞くことで、自分自身が何を思っているかを知る」ことです。

自分が声に出して発信している情報は、相手にはもちろんですが、自分自身にも聞こえています。**自分の発した言葉を聞くことで、自分が本当は何を考えていたのかに気がつく**のです。これを、**「オートクライン」**と言います。

後者の「オートクライン」によって得られる効果には次の2つがあります。

＼＼単なる「聞き手」になるのはもったいない／／

①自分の考えや気持ちを整理できる

自分でも気づいていなかった考え方や価値観、気持ちを自覚し、理解できます。

②自分の中で眠っているアイデアを引き出すことができる

自分では気づいていなかったアイデアを、会話を通して自分の外側に出すことで、新しい気づきやひらめきが生まれます。新たなビジョンが言葉として具体化されることもあります。

パラクラインとオートクライン

得られる効果

①相手に情報を伝達できる

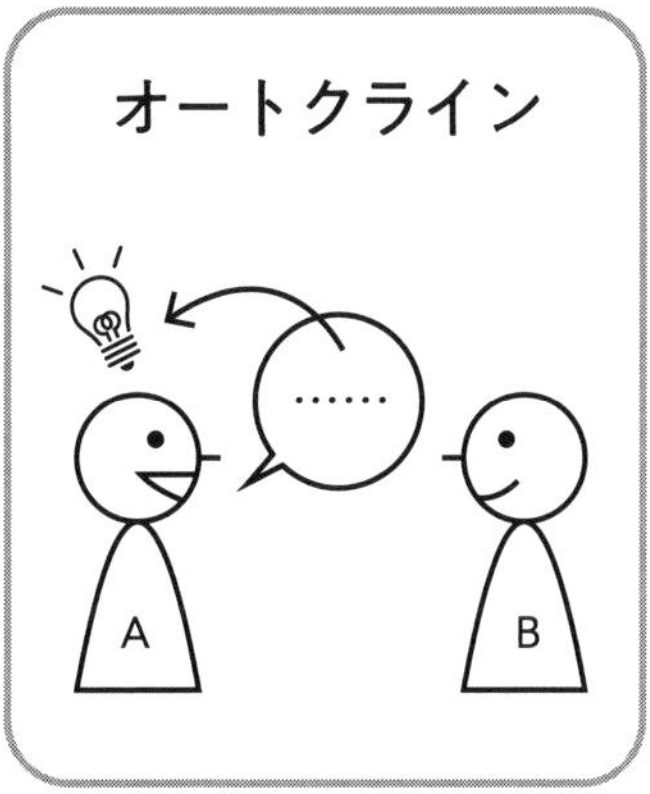

得られる効果

①自分の考えや気持ちを整理できる

②自分の中で眠っているアイデアを引き出すことができる

……ということは！

相手にとっての単なる「聞き手」に回って満足してしまうのは、もったいなさすぎます！

あなたが「聞く」ことは、「その相手が自分の頭の中を整理したり、アイデアを引き出したりするのをサポートしている」ことにほかならないからです。

相手の中に眠っているアイデアを引き出すためには、聞く側がうまく相手を乗せて、話をさせる必要があります。そうしないと、話し手自身が気づいていなかったことまでは話すことができません。

話す側がアイデアを出しやすいように、聞く側がうまく誘導してあげることを意識しましょう！

まとめ

聞き手に回りつつ、話し相手がアイデアを出しやすいように話を誘導してあげられたら尚GOOD！

1on1ミーティングでは部下の話を聞くことに専念する

話す割合は「上司が2割」

会社であれば、上司であるあなたが部下の話を聞くことで、部下が自分自身の考えを整理したり、部下が自分の中にあるアイデアを出したりするのをサポートできます。

たとえば1on1ミーティングでは、上司と部下が1対1で話をします。一般的に、話す割合としては**部下が8割、上司が2割くらいがいい**と言われています。

しかし、話を聞くトレーニングをしていない上司が1on1ミーティングをすると、じっくりと部下の話を聞くよりも、「こうしたらいい」とアドバイスをしてしまったり、ひどいときには「お前のここが悪い」などと説教をしてしまうことがあります。

もちろん、上司は部下のために良かれと思ってアドバイスや説教をしています。しかし1on1ミーティングは、部下にアドバイスをする場でも、説教をする場でもありません。

上司が話をしてしまうと、部下が自分の意見を言う機会がなくなります。そうすると、部下は「自分のしていることは上司にまったく評価されていない」と感じます。さらには、**自分の存在そのものが否定されているように感じ、上司や会社に不満を持つようになります。**

1on1ミーティングの場で部下が上司のあなたに話をするとき、部下が話をする目的は、前項で書いたように「パラクライン」と「オートクライン」の2つです。

まず「パラクライン」では、部下は上司であるあなたに、自分の考えを伝えようとしています。たとえば、「私は自分の仕事についてこう思っています」とか、「次の全体ミーティングのときに、私は○○について説明したいので、課長からもひと言お願いします」といったことを伝え、あなたの反応を見たり、何かをしてほしいとあなたの次の行動をうながしたりしています。

一方の「オートクライン」では、部下は自分でしゃべったことを自分で聞きながら、自分はこんなことを考えていたのか！　と新たなアイデアに気づいたり、自分の考えを整理したりしています。

1on1ミーティングのときには、話をしている部下にはこの2つの目的があることを、上司が理解しておくことがとても大事です。

部下が自分でオートクラインに気づくのは難しい

部下が話しているときに「オートクライン」が起こっていることを上司が理解していないと、部下の話をうまく聞くことができません。下手をすると、部下の話に反論したり、必要のないアドバイスをしたりしてしまいます。

部下が上司に話しながら自分自身の話を聞いて、「なるほど。自分はこういうことを思っていたんだな」と新たな発見をしているのに、上司からまったく必要のないアドバイスを受けたり、反論されたりすると、「この人はわかってくれていない」「話を全然聞いてくれない人だ」と受けとります。

もちろん部下にも責任はあります。自分でしゃべっているとき、上司に向かって話しているパラクラインと、自分自身に聞かせているオートクラインがあることに気づいていないからです。とはいえ、部下が自分でそれに気づくのは難しいので、**上司は、部下が上司の自分に対して話しているだけではなく、本人の中でオートクラインが起こっていることを意識させましょう**。

部下の話を聞き終わったあとで、「今いろいろなことを話していたけど、自分で言ってみてどう感じた？」などと聞いて、部下が考えを整理し、アイデアを言葉にできるようにうながします。

部下の側では「言ってみて、自分が本当にやりたいと思っていることがわかりました」とか「言ってみたけど、なんかしっくりこないんですよね」などと、自分の本当の思いを確認できるでしょう。

上司がこのように部下と関わると、部下は自分の本心に気づいたり、新しいアイデアを言語化できるようになります。そうなって初めて、「この上司は自分のことをわかってくれている」と**上司への信頼感が生まれる**のです。

1on1ミーティングでは、上司は部下に対して何かを特別に教えたり、役に立つアドバイスをしたりする必要はありません。**とにかく部下の話をしっかり聞く**ことです。そうすることで、部下の自己肯定感や自己重要感を高めることが大切です。

部下にえらそうな話をする必要はなく、何か良いことを言おうと考える必要もありません。ただ部下の話をよく聞くだけでいい。そう思えれば、上司であるあなたも気分的にラクになります。

実際のところ、部下の話をしっかり聞いている上司はそれほど多くありません。そのため、話を聞くことができる上司は部下から信頼され、頼りになる上司と見られるようになります。**部下との信頼関係をつくるための第一歩は、聞くスキルを身につけること**だと考え、そのために役立つコーチングのスキルを身につけましょう。

まとめ

えらそうに話す必要も、良いことを言う必要もない。ただ部下の話をよく聞いてあげれば大丈夫。

人は、見たいように見て、聞きたいように聞いている

／／聞きたいのは自分がほしい情報だけ／／

「話を聞くことは大切だ」と常々思っていても、それだけで突然、相手の話を上手に聞けるようになるわけではありません。

なぜかと言うと、人は「見たいように見て、聞きたいように聞いている」からです。

つまり、**人は耳に入ってくるすべての音を聞いているわけではなく、自分が興味や関心を持っている事柄に関係する音や声だけを選んで聞いている**のです。

人との会話の中では「自分はそんなことを言ったつもりはないのに、相手に誤解さ

れた」ということがよくあります。このような誤解は、実は人と人との間だけではなく、自分の細胞間レベルでも起こっているそうです。

私たちの体には、一説には60兆個の細胞があると言われており、この細胞間でもお互いにコミュニケーションをとっています。人間に耳や目があるように、細胞にも情報を受けとるレセプターという器官があります。

細胞間でのコミュニケーションでは、このレセプターという器官で流れてくる情報を受けとっています。そしてこのレセプターは、とりこむ情報をあらかじめ決めているらしいのです。

流れてくるすべての情報を受けとっているわけではなく、むしろ**「ほしい情報だけを自らとりに行っている」**というイメージが近いそうです。

自分の体内の細胞レベルのコミュニケーションでさえ、ほしい情報だけをとりこんでいるのであれば、自分と他人とのコミュニケーションでも同じことが起こっていても不思議ではないでしょう。

私たちは、自分の目や耳に入ってくる情報をすべてとりこんでいるわけではなく、自分の見たいものしか見ていないし、聞きたいものしか聞いていません。私たちは、**無意識のうちに事実よりも自分の解釈のほうを優先している、ということをしっかり自覚しておきましょう。**

まとめ

私たちは雑多に存在する情報の中から、自分のほしい情報だけを選んでとりいれている。

信頼関係は相手から築いてもらうもの

相手も同じように思っているとは限らない

人に話をしてもらうときに一番大切なのは、相手に「この人にだったら、話しても大丈夫だ」と思ってもらうことです。最初に信頼関係を築けると、その後、相手からスムーズに話してもらえるようになります。

ここで注意しないといけないのは、**信頼関係は自分から築くものではなく、相手から築いてもらうものである**、という原則を忘れないことです。

話を聞くときに、相手から話してもらうのと同じです。

こちらがいくら相手を信頼していても、相手からも信頼されていなければ、信頼関係は築けません。

たとえば、上司が部下のことをいくら信頼していても、部下の側からすると、20歳も年上の上司のことは信頼できないと思っていることは十分ありうるでしょう。「何か評価してくるんじゃないか？」「余計なアドバイスをしてくるんじゃないか？」などと思い、上司のことを無条件に信頼することなど、まずありえないのが実際です。

特に今の時代、部下は上司を厳しい目で見ています。昔は会社や上司が「働かせてやっている」という考え方でしたが、**今は社員や部下に「働いていただく」時代**です。

上司にとっては、厳しい状況だと言えますね。

まとめ

独りよがりな考えでは、部下と信頼関係を築けない。
まずは部下に信頼されるところからはじめる。

相手との信頼関係を築く3つのテクニック

共通点は探さずつくる！

私たちは、自分と共通点がある人には親しみを感じます。たとえば初対面の人と話をしていて、たまたま出身地が同じだとわかったら、それだけで相手との距離がぐっと近づいた気がしませんか？

その上に同じ学校の出身だったりすると、もうそれだけで昔から知っている人のような気がします。

それ以外でも、お互いに共通の知り合いがいるとか、趣味が同じなど、自分と何か共通点がある人には親しみを感じて心を開きやすくなります。

コーチングを行うときには、私たち人間が持つこの特性を活かし、**相手との共通点を意識的につくることで信頼関係を強化できます**。

ここでは、基本的な3つのテクニックを紹介します。

① ミラーリング

ミラーリングとは、**相手と動作を合わせること**です。たとえば姿勢、手や足の動作、表情、目線、呼吸のリズムなどを相手と合わせます。

ミラーリングをすることで、相手に対して「話を聞いていますよ」というメッセージを自然に伝えられ、話しやすい環境を整えることができます。

私がミラーリングを行うときに一番注目しているのは、「相手のアゴの角度」です。**相手のアゴがどんな角度かをしっかり観察して、その角度を合わせてみてください**。

そうすると、相手の姿勢の細かいところにも目が行くようになります。

背中がまっすぐに伸びているか、曲がっているか、肩がどれくらい上がっているか、呼吸の速さ、座っているなら椅子にどれくらい深く腰掛けているか……細かいところにどんどん気づくようになります。

②ページング

ページングとは、話し方を相手に合わせることです。

話し方は人によって千差万別です。ゆっくり話す人、早口でまくし立てるように話す人、声が高い人、低い人など、さまざまな個性があります。

コーチングをするとき、**相手の話し方に合わせて、話すスピードや声の高さを調整します**。相手がゆっくり話す人だったらこちらもゆっくり話し、相手が早口だったら早く話します。相手の声が低めだったら、自分も少し声のトーンを下げます。

③バックトラッキング

バックトラッキングとは、相手が言ったことをそのまま返すことです。いわゆるオウム返しをしたり、相手が話した内容を短く要約して返すこともあります。

いくつかのパターンがあるので、例を3つあげておきます。

例1

相手が話した事柄をそのまま返す

相　手「今日、お昼に中華を食べに行ったんですよ」

あなた「中華を食べたんですね」

相　手「そうなんです」

例2

相手が話した感情をそのまま返す

相　手「いやー、そこで食べたラーメンがめちゃくちゃ美味しかったんです」

あなた「美味しかったんですね」

相　手「そうなんですよ」

例3

相手の話を要約して返す

相　手「昨日の晩、京都に来て、泊まったホテルで食べた朝食がすごく美味しかったんです」

あなた「京都で美味しいご飯を食べたんですね」

相　手「そうなんです」

こうしたテクニックを使って相手との共通点をつくることで、「この人はどこか自分と似ている。私のことを認めてくれている」と相手が安心感を抱き、あなたのことを信頼して話をしやすくなります。

まとめ

信頼関係を築く3つのテクニックを使って共通点をつくり、部下との距離をグッと縮めよう。

Column

私がコーチングを学びはじめたわけ

私が会社を興したとき、メンバーは私と社員が3人でした。

初めのころはみんなで仕事も楽しくやっていましたが、2年くらい経ったときに、私は何かうまくいかないなあと感じはじめました。

社員の3人よりも私のほうが年齢も上で、税務の経験もありました。そのため、「私は正しい。でも、みんなが間違っているから、うまくいかないのだ」と思っていました。

どうやったら間違っている社員たちを指導できるのか？　と思ったのがきっかけでコーチングを学びはじめたのです。

コーチングを学びはじめてしばらくして、あるセミナーで私は大きな学びを得ました。

そのセミナーでは、あるゲームを行いました。2人1組のチームで、パズルを完成させる早さを競うゲームです。2人が対面で座り、真ん中にはついたてが設置されていて、互いにパートナーの手元は見えません。

一方の人がパートナーに「青い三角のピースを一番手前に置いてください」「赤い四角のピースを三角の右に置いてください」などと次々に指示して、パートナーがその通りにピースを置いてパズルを完成させるのです。

私は指示を出す側でした。すでに私はコーチングを10年以上も受けていましたし、自分でもコーチングができるだろうと思っていたので、相手にわかりやすく伝えることにも自信がありました。このゲームでも絶対に1位になると信じていました。

ところが、私のチームは結局パズルを完成させることができず、最下位になってしまいました。パートナーのせいでパズルがうまく組み立てられなかったのです。

　パートナーは50代くらいの、うだつのあがらないサラリーマンのように見えました。「こんな人と組んだおかげで、起業してバリバリやっている私がゲームに負けてしまったじゃないか！」とものすごく腹が立ちました。

　しかしそのあとで、ゲームの種明かしをされたときに私は衝撃を受けました。私は完全に間違っていたのです。ゲームのやり方を理解できていなかったのは私のほうでした。

　私は彼の話を聞くことなど考えもせず、一方的に指示を出し続けていました。一方で、パズルを完成させたチームは、うまくコミュニケーションをとりながら、2人で協力してパズルを完成させていました。

　私のパートナーは、私の勘違いの被害者でした。それに気づかず、「できないのは彼のせいだ」と私が腹を立てていただけなのです。

　私ははっとしました。職場でも「私は正しく、社員は間違っている」と思っていたのですが、もしかしたら社員と私の前提がそもそも違うのではないか、と気づいたのです。

　社員が間違っていると思いこんでいた私は、社員の話など聞く必要はないと思っていました。でも、「もしかしたら間違っているのは自分かもしれない」と思うようになってからは、社員と話をして、彼らがどんな前提を持っているのか聞くようになりました。

　そうやって社員の話を聞くようになると、仕事がうまくまわりはじめ、社員も増えて会社も大きくなり、みんながハッピーになっていったのです。

第3章

30分で
信頼関係を築く

コミュニケーションはキャッチボール

印象が決まるのは一瞬

初めて会った人に、「この人の話を聞いてみよう」と思ってもらうには、会った瞬間に「この人は信頼できる」と相手に思ってもらうことが大切です。

人の印象は出会って一瞬で決まります。何時間もかけてゆっくりつくられるものではありません。

私たちは、初めて人と会った瞬間に「この人は信用できそうだ」とか、「この人はなんかうさんくさい」などと敏感に感じとります。

そのときに「なんとなくこの人は自分と似ているな」とか「私と同じようなしぐさをしている」と無意識に感じられると、私たちは「自分と似たところのあるこの人は信頼できそうだ」という感覚を持つのです。

部下とのやりとりも同じです。「部長の言うことなら聞いてみよう」と思ってもらった上で話を聞いてもらわなければ、相手に指示、命令をしたとしてもまったく無駄に終わります。

また、最初に「この人は信頼できそうだ」と思ってもらったあと、さらに信頼を強くするために大事なのがコミュニケーションのテクニックです。

これには、2章で説明したミラーリングなどの身振りや手振りなど非言語的なものもありますが、この章では、ことばによるコミュニケーションをとろうとするときに重要なポイントについて説明します。

言葉によるコミュニケーションでの6つの約束事

コミュニケーションはよくキャッチボールに例えられます。キャッチボールをしたことがある人ならわかると思いますが、キャッチボールをするときにはいくつかの約束事があります。同じように、言葉によるコミュニケーションにも次の6つの約束事があります。

①はじめようという意図がある
②相手の同意がとれている
③「会話を続けること」に対する同意がある
④相手と向き合い、自分と向き合う（コンフロンテーション）
⑤適切な距離感を保つ
⑥自分自身とのコミュニケーションを持つ

ふだんのコミュニケーションで、この6つができているかを確認してみましょう。

①はじめようという意図がある

1つ目の約束は、コミュニケーションをはじめる側が、まず自分がボールを投げようという状態になること、つまり「この人と会話をはじめよう」という意識を持つことです。

たとえば、こちらから部下に対して「山田さん、この前の報告書の件で少し話したいことがあるんだけど、今から10分ほど良いかな?」と伝えることで、山田さんに、何について、どれくらいの時間、どういう話がしたいのかが伝わります。

山田さんがものすごく忙しいなら代替案を出してくれるでしょうし、「まぁ、10分程度なら大丈夫かな?」となることもあるでしょう。あるいは、山田さんもその報告書について気になっていれば、「その件、私も話をしたいと思っていました」と喜んで応じてくれるかもしれません。

どのような形になるにせよ、**まずは会話をはじめよう、という意図を相手に伝えることが必要です。**

②相手の同意がとれている

2つ目の約束は、「あなたと一緒にコミュニケーションをします」という相手の同意がとれていることです。キャッチボールをはじめるとき、相手が全然違う方向を向いているのに、いきなりボールを投げたらどうなるでしょう?

相手はびっくりしてボールを受けとることはできませんし、「危ないじゃないか!」と怒り出すかもしれません。相手がボールを受けとる準備ができていなければ、こちらがボールを投げてもキャッチボールはできません。

コミュニケーションでも同じで、たとえば相手が真剣な考え事をしているときに話しかけても、応じてはくれないでしょう。**相手がこちらの話を聞こうと思っていないときに話しかけても、会話にはなりません。**

先ほどの山田さんとの会話例であれば、山田さんから「わかりました」と返事が来

②コミュニケーションへの同意がとれている

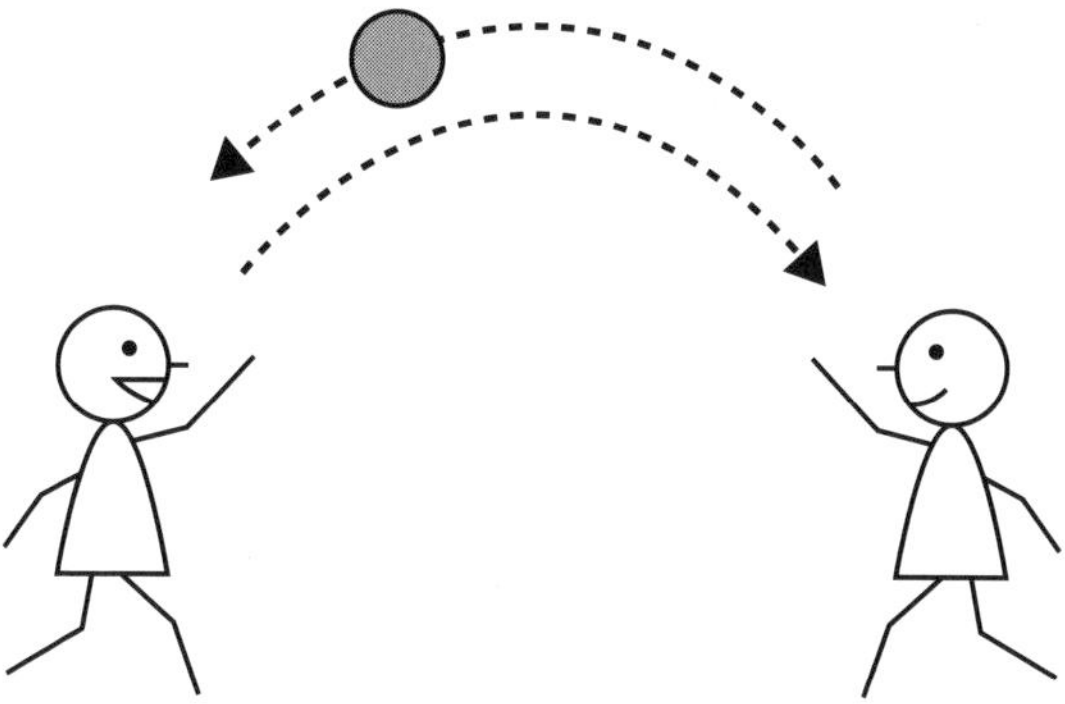

コミュニケーションはキャッチボールと同じ。あなたにはじめようという意図があり、相手が同意して、初めてコミュニケーションが成立する。

（参考図書：「コーチング・マネジメント―人と組織のハイパフォーマンスをつくる」伊藤守著、ディスカヴァー・トゥエンティワン）

ることもあるでしょうし、山田さんが急いでいる場合には「今から外出しなければならないので、午後からでもよろしいですか？」と代替案の提案があるかもしれません。

いずれにしても、相手があなたからのリクエストを受けとり、なんらかの返答があり、その上で相手との合意がとれている状態になることが必要です。

③「コミュニケーションを続けること」に同意がある

3つ目の約束は、コミュニケーションを交わし続けることについて、お互いに同意していることです。

キャッチボールの例であれば、「キャッチボールをずっと続けよう」とお互いが思っていて初めて、キャッチボールを続けることができます。

同じように、相手とのコミュニケーションを続けることにお互いの合意がある間は、会話を続けることができます。

途中で意見が合わなくなって、「もう、この人の話は聞きたくない」とお互いの合意がとれなくなると、そこで会話が終わります。

部下の山田さんとの例で、あなたが「あの報告書の件だけど、10分ほどいいかな」と話しはじめたとします。そのままあなたの話が30分や1時間も続いたら、山田さんはどう思うでしょうか？

山田さんも報告書の件が気になっていれば、30分や1時間でも受け入れてくれるかもしれません。しかし、あらかじめ10分と言っておいて、30分や1時間にまで会話時間を延長するのはルール違反です。

この場合は、コミュニケーションを続けることに同意があるとは言えない状態です。

当初10分間と伝えている場合、相手の同意がとれている10分間はコミュニケーションを続けることができますが、それ以上続ける場合には、改めて相手の同意をとる必要があると考えてください。

④相手と向き合い、自分と向き合う

4つ目の約束は、きちんと相手と向き合うこと、そして自分と向き合うことです。「**コンフロンテーション**」とも言います。

コミュニケーションを続けるためには、相手と向き合い続ける必要があります。キャッチボールで考えてみると、相手がいきなり豪速球を投げてきたり、ボールをどこに投げてくるかわからなかったりすると、キャッチボールが楽しくなくなって、途中でやめたくなります。

コミュニケーションの場合でも、**相手がどういう感情で、どういう意図を持って話しているのかを意識する**必要があります。

また、相手と向き合うだけでなく、自分自身と向き合うことはさらに重要です。今の自分がどんな気持ちか、どんな状態かをわかっていないと、コミュニケーションはうまくいきません。

キャッチボールをしているときに自分が疲れていたり、グローブを持っていなかったりすれば、キャッチボールを楽しむことはできませんし、怪我をするかもしれません。

コミュニケーションの場でも、**自分のそのときの状態や感情を把握できていないと、相手の何気ない言葉に反応して腹を立ててひどいことを言ってしまったり、がっかりしたりします。**

先ほどの部下との会話例で言うと、あなたの話を山田さんが黙って聞いているだけでは、お互いにしっかり向き合っている状態とは言えません。

山田さんはいい報告書をつくったと承認をしてほしいのかもしれませんし、報告書をさらに良くするためのフィードバックがほしいのかもしれません。あるいは、時間がない中でなんとか間に合わせたので、あまり完成度には触れてほしくないのかもし

④-1　いきなり豪速球を投げてくる

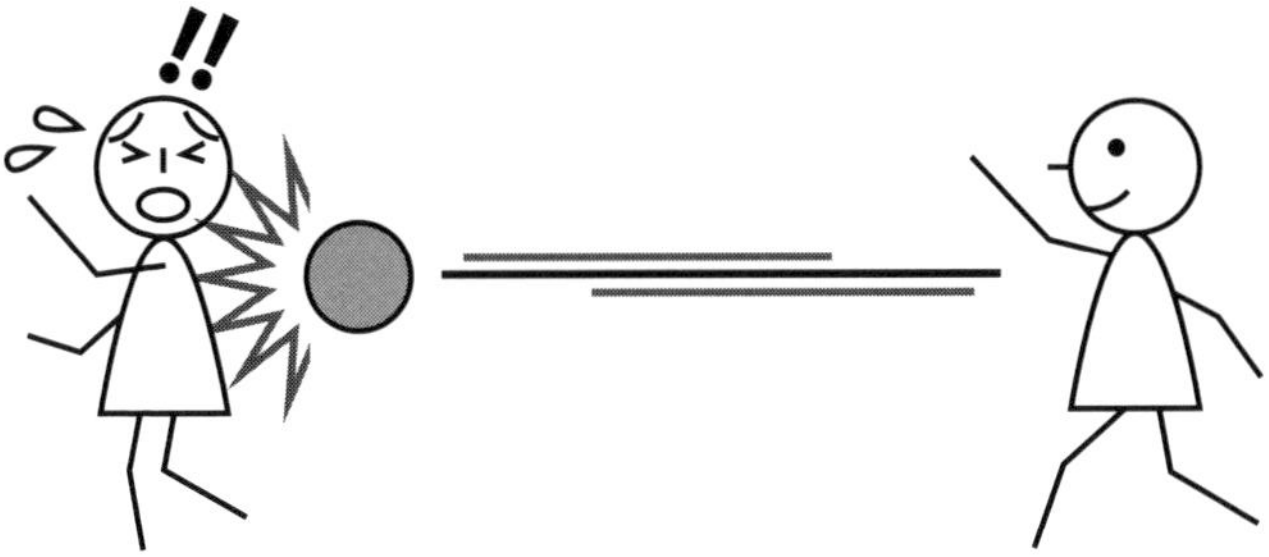

④-2　どこに投げてくるかわからない

れません。

上司であるあなたは、山田さんの報告書に対してきちんとフィードバックをし、山田さんは、あなたのフィードバックをしっかりと受け止める必要があります。

⑤適切な距離感を保つ

5つ目の約束は、相手との適切な距離感を保つことです。

お互いの距離が遠すぎたり近すぎたりすると、キャッチボールをすることは難しいでしょう。コミュニケーションでも同じで、**適切な距離感があって初めて、コミュニケーションがスムーズに実現できます**。

たとえば初めて会った人と名刺交換をしたら、名刺の情報を見ながら「どんなお仕事をされているんですか」とか、「お互いの会社が近いですね」などと話したりして、相手との距離を近づけようとします。

上司と部下の関係であったとしても、まったく同様です。心理的な距離が遠い部下

⑤適切な距離感を保つ

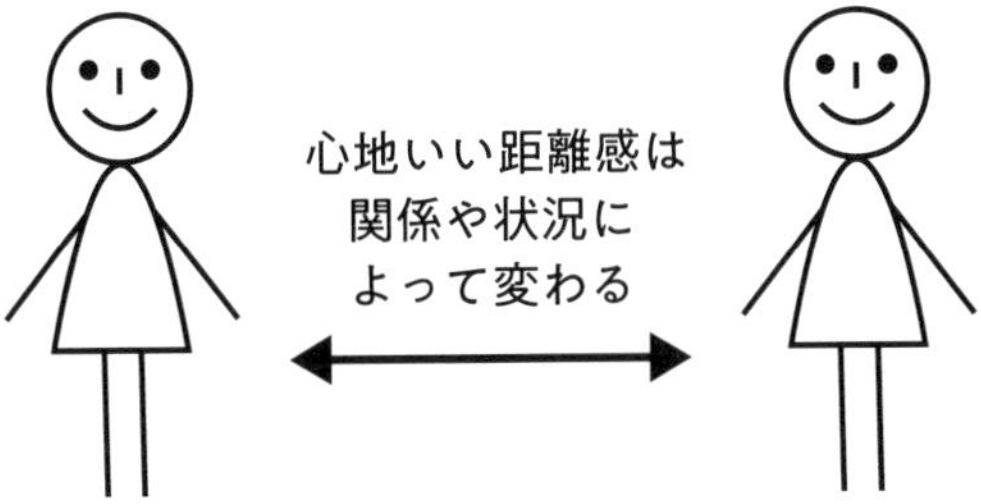
心地いい距離感は
関係や状況に
よって変わる

をイメージしてもらえると、さらにわかりやすいかもしれません。

以前と比べて会社での飲み会なども開催しにくくなりました。Z世代の部下との距離のとり方は、私のような昭和生まれの人間には難しいですし、部下も同じように感じているはずです。

相手とのちょうどいい距離感は、その人との関係や、そのときの状況によっても変わってきます。家族であれば距離は近いし、初対面の人とは遠くなります。同じ人に対してでも、そのときのお互いの体調や気分によって心地いい距離感は違ってきます。

自分の感じ方も相手の感じ方も変化するので、まずは**自分が今どう感じているか、今の自分の他**

人との距離感はどれくらいが適切かを意識するトレーニングをしてみましょう。

山田さんの例で言えば、報告書にいきなりダメ出しするのではなく、まずは、相手が求めていることへのフィードバックをする必要があるでしょう。

⑥自分とのコミュニケーションを持つ

最後の6つ目の約束は「自分が今、何を考えているか」を知るために、自分自身とのコミュニケーションを持つことです。

ふだんの生活の中では、今の自分がどんな状況にあるかが十分に観察できておらず、たとえばとても疲れているのに自分では気がついていない、という状況が起こりがちです。

キャッチボールの例で見てみましょう。

お互いに楽しくキャッチボールをしていたら、相手のテンションが上がって、ビシビシと豪速球を投げてくるようになりました。
あなたは「速いボールは怖いな」となんとなく感じながらも、相手に気を遣ってキャッチボールを続けるうちに、疲れ果ててしまいます。相手はあなたも楽しんでいると思ってキャッチボールをしているのに、あなたは「あの人とは、もう二度とキャッチボールしたくない」と思うようになります。

コミュニケーションでも同じようなことが起こります。
長い時間、人の話を聞き続けることは、表面的にはできてしまいます。「しんどいなあ」とは感じながらも、自分が疲れていることに気づかず話を聞き続けて、終わったらぐったりと疲れ果てて、「あの人の話は、もう聞きたくない」となる場合があります。

たとえばあなたが山田さんとコミュニケーションをとっている間、山田さんのリアクションに対してあなたがどう感じているのか？　そうした自分の感情をしっかり意識する必要があります。それが「**自己観察**」です。

⑥自分とのコミュニケーションを持つ

ふだんから自己観察ができている人は、自分が今どんな状態か、これ以上会話を続けたくないと思っているのか、相手との関係が大事だからあえて続けているのかを、自分でわかってやっています。

自分で納得した上でどうするかを選んでいるので、それほどストレスがかかりません。

しかし、このように自分がどう感じているかをはっきり認識しながら会話をしている人は、それほど多くありません。

自分がどう感じているか気づかないままコミュニケーションをしていると、会話に自分の気持ちがついていかないことがあります。

「今、自分はどう感じているのか、自分に今、どんなことが起こっているのか」をふだんから意識して、わかった上で行動することが大事です。

そのためには、少し離れた位置から自分を見て、自分がどう感じているか、自分が何をやっているかを意識するトレーニングが求められます。

／／つい「自分は正しい」と思いがちだけど……／／

ここでは、キャッチボールを例に出してコミュニケーションの説明をしました。キャッチボールをするときには、さすがにボールが当たらないように、お互いに注意してボールを投げます。

しかしコミュニケーションは、誰もがいつも無意識にしていることなので、みんなが「自分はできている」と思っています。そのため、コミュニケーションがうまくいかなくなったとき、「自分は正しくて、相手が間違っている」と思ってしまうのです。

しかし、実際はお互いに相手のとりやすいボールを投げようという意識がないから、うまくいっていないのです。ここにコミュニケーションの難しさがあります。

コミュニケーションがうまくいかないときは、相手だけが悪いのではなく、相手と自分に五分五分で責任があると考えるようにしましょう。

コミュニケーション能力を向上させるにはトレーニングが必要ですが、その必要性を感じている人は多くはありません。この本を読んだみなさんは、ぜひ、ふだんから自分自身を客観的に見られるように、コミュニケーションのトレーニングをしてください。

まとめ

相手とも自分とも向き合って、お互いが受けとりやすいボールを投げ合いながら、会話のキャッチボールを楽しもう。

コミュニケーションの未完了が引き起こすさまざまな問題

コミュニケーションの未完了が起きた状態とは？

会話をしていて、何かモヤモヤッとした経験はありませんか？
こういうときには、たいてい**コミュニケーションの未完了**が起きています。

では、コミュニケーションの未完了とはどんな状態でしょうか？
再びキャッチボールで考えてみましょう。あなたが誰かにボールを投げ、そのボールを相手が受けとります。相手があなたにボールを投げ返し、そのボールをあなたが受けとったら、そこでコミュニケーションが１つ完了します。

つまり、**あなたが投げたボールが相手に渡り、そのボールがあなたのところに戻ってきて初めて、コミュニケーションは完了します。**

もし、あなたが投げたボールが手元に戻ってこなかったら、「ボールが返ってこないなぁ」とモヤモヤしますよね？

コミュニケーションでも、**自分の投げたボールが相手からいつまでも戻ってこない状態が「コミュニケーションの未完了」です。コミュニケーションが未完了のまま終わると、相手との信頼関係が築けません。**

コミュニケーションの未完了をもたらす原因は、主に次の４つです。

①不適切な間
②同意ではなく評価する
③受け入れがない
④返事がない

①こちらの準備ができていないのに
相手が次々にボールを投げてくる

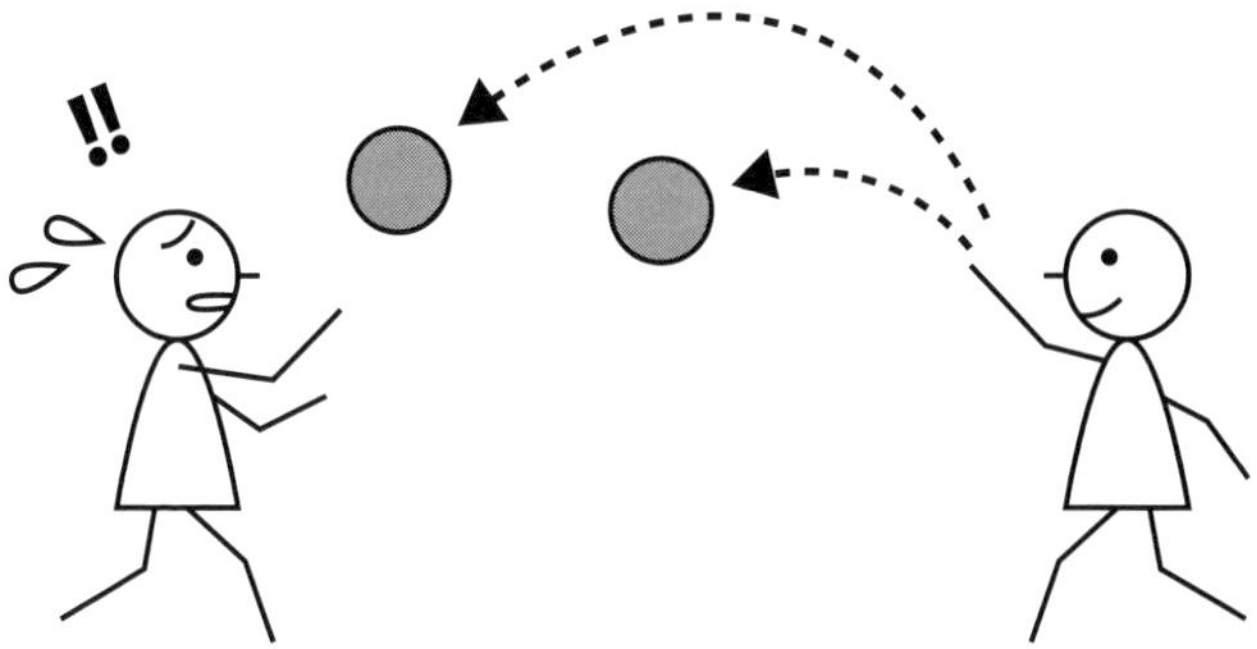

①不適切な間

キャッチボールでいうと、ボールを受けとってから返してくるまでの間がすごく長いとか、こちらの準備ができていないのに次々にボールを返してくるような場合です。

こういう場合、**キャッチボールのリズムが崩れてしまいます**。

コミュニケーションでもキャッチボールと同じです。相手に考える時間を与えなかったり、相手の沈黙を受け入れず、すぐにこちらから話しかけてしまったりすると、不適切な間が生じます。

②合意ではなく評価する

相手の言葉に対して、同意ではなく評価をしてしまった場合にも、コミュニケーションの未完了が起こります。

評価をしてはいけない、ということではありません。**その場が「評価をする場」か「合意する場」かを判断して、使い分ける必要があります。**

たとえば、あなたは友人に単に話を聞いて共感してほしいだけなのに、その友人があなたの話を聞いて、「それは正しいよ」とか「それは違うよ」と評価をしたら、「いや、そういうことを言ってほしいわけじゃない。聞いてくれるだけでいいのに」と思ってイラっとしたり、悲しくなったりしませんか？

コミュニケーションでは、今、何を求められているかを察することも必要なのです。

特に会社では、**上司は部下を評価してしまいがち**です。

たとえば部下が「今後、売上を増やすためにこういうことをやってみたいです」と言ったとします。それを聞いた上司は、「そんなことをしても、失敗するので意味がない」と内心で思ったとします。ここで、「それをしても意味がない」と実際に言葉に出せば、それは評価していることになります。

上司のほうが経験が豊富なので、たいていの場合は上司の意見が正しいのでしょう。しかし「意味がない」とまで言われれば、部下は納得できず、上司に頭ごなしに否定されたと感じます。

こういう場合は、**上司は「それをしてもうまくいかない」と評価をしたくなるのをグッとがまんして、「君はそう考えているんだね」といったん合意をしましょう。**

「合意」とは、上司が部下の話に納得がいかないのに賛成することではありません。**「部下がそのように考えているという事実」に合意します。**

もし、上司が自分の評価を部下に伝えたいのであれば、いったん部下の意見に合意したあとで、「あなたはそう思っているようだけれど、私はその方法ではうまくいくと思えない」などと自分の意見を伝えます。

このように丁寧に段階を踏んで伝えないと、部下は「私の上司は何もわかってくれていない」と思ってしまうのです。

また、部下にアドバイスをしたいときには、「今から私の思うことを言ってもいいですか？」と、部下の許可をとってからアドバイスをすると、より安全でしょう。

こういった**手順を踏まずに、一方的に上司が評価やアドバイスをすると、部下はやる気を失います**。今は自分が部下の話に合意をする場面なのかをよく見極め、評価をしたいのであれば、そこが本当に評価をしていい場面なのかを考える必要があります。

③受け入れがない

たとえば次のような会話をしているときは、「受け入れがない」状態です。

Aさん「気分はどうですか？」
Bさん「あまり良くないんです」
Aさん「どうして？」

このとき、Aさんには悪気がなく、Bさんの気分が悪いことを解決してあげようと思って「どうして？」と聞いています。たとえば、Bさんからの返事次第で薬をあげようとか、疲れていたら少し休憩するようにうながそうとか、もし仕事のトラブルが気になっているのなら解決する方法を一緒に考えようなどと思っているのです。

しかしBさんは、まずは「自分の気分が悪い」ことを受け入れてほしいのです。

この場合、Aさんはまず「気分が良くないんですね」と、Bさんの気分が良くない**事実をいったん受け止めてから、次のコミュニケーションをはじめる**必要があります。

ところが、Aさんがいきなり「どうして？」と理由を聞いたので、受け止めてもらえなかったBさんにコミュニケーションの未完了が起こっているのです。

④返事がない

こちらが何か言ったことに対して、相手からの「返事がない」ときにもコミュニケーションの未完了が起きています。たとえば、Aさんが「こうしたらどうですか？」と提案しても、Bさんがそのことにまったく触れずに違う話をすると、Aさんは「聞いてもらえていない」と感じて、未完了な状態になります。

ある人からの返事がない、という経験を何回もすると、「あの人は私の話を聞いてくれない」「あの人は嫌い」となってしまいます。

いったんはその人との信頼関係が築かれていたとしても、そのあとに未完了の状態が積み重なると、「最初は良い人だと思ったのに、この人は信頼できなかった」と思われることもあります。

ここまで、4つのコミュニケーションの未完了について説明しました。

未完了のコミュニケーションは、永遠に未完了です。**未完了のまま放置されたコミュニケーションはずっと相手の心のどこかにひっかかっていて、その後のコミュニケーションにも影響を与えることがあります**ので注意してください。

まとめ

コミュニケーションが未完了のまま終わると、相手との信頼関係は築けない。未完了のコミュニケーションは永遠に未完了。

アクノレッジメントで「目標に向かって確実に進んでいる」ことを伝える

4種類のアクノレッジメント

アクノレッジメントも、人との信頼構築のためにはとても大事です。

アクノレッジメントとは、その人が「目標に向かって確実に進んでいる」ことを伝えるフィードバックのことで、次の4つの種類があります。

①存在承認
②行動承認
③成果承認
④成長承認

順に解説していきます。

なお、アクノレッジメントは目標に向かって進んでいることが良いとか悪いとか、進みが遅いからもっと頑張れ！　などと**評価をすることではありません**ので、その点には注意してください。

①存在承認

存在承認は、**その人そのものの存在の承認**です。

たとえば、あなたは部下が髪型を変えたことに気づき、その部下に「髪型を変えたのですね」と伝えたとします。これが存在承認です。

ここで「よく似合っているよ」とか、「前のほうが良かった」などと言うと、それはあなたの評価を伝えることになるので、評価にならないよう気をつけないといけません（セクシャルハラスメントにもなりかねません）。

存在承認とは、あなたの評価は伝えず、「私は髪を切ったというあなたの変化に気がついていますよ」と伝えることです。

②行動承認

行動承認は、**望ましい行動や、これから成果につながりそうな行動の承認**です。「あなたは今、こんな行動をしていますね」と伝えることです。

たとえば、「毎日、朝早くから仕事をしていますね」と**事実だけを伝えます**。部下の行動に対して、「毎日、朝早くから仕事をしてすごいね」といった評価はしません。

③成果承認

成果承認は、相手がなし遂げた成果を承認します。

たとえば「目標を達成した」「最後までやり遂げた」といった部下の成果に対してフィードバックをします。「目標を達成しましたね」「最後までやり遂げましたね」と、**その人の成し遂げた事実を伝える**のです。

部下にとっては、上司から成果を承認してもらうことが報酬になります。

④成長承認

成長承認とは、相手が成果を出す途上にいるときに、「今、あなたはここまで来ていますよ」と、**相手が今いるところをフィードバックする**ことです。

たとえば「売上目標に対して今、8割までいっていますね」とか、「今月10件契約しなければならないところ、今は7件決まっています」などと、今の状態を伝えるものです。

「もっと頑張ろう！」などと評価をするのではなく、あくまでも今の状態だけを伝えてください。

以上が4種類のアクノレッジメントです。

こういった**フィードバックを定期的に部下やコーチングのクライアントに伝える**ことで、相手は「この人は、いつも私のことを見てくれている」「この人は、自分のことを気にかけてくれている」「私の変化に気がついてくれている」などと実感します。

アクノレッジメントは
「目標に向かって確実に進んでいる」ことを伝えるフィードバック

そうなって初めて、相手は「この人は信頼できるから、この人の話を聞いてみよう」と思うようになります。

相手から「この人の話を聞いてみよう」と信頼されて初めて、相手にアドバイスをしたり、評価をしたりすることもできるようになります。

自分の言うことを相手に聞いてもらいたいのであれば、まず相手を承認することからはじめてください。

まとめ

相手から承認されていることを実感して初めて、相手を信頼し、「この人の話を聞いてみよう」と思うようになる。

第4章

「質問」を極める

質問の軸は4つ

＼＼効果的な質問は相手の選択肢を増やす＼＼

みなさんは、どんなときに質問をしますか？

何か疑問を持っていることについて答えが知りたかったり、相手の思いや考えが聞きたかったりして質問をするのではないでしょうか？

コーチングでは、相手に質問を投げかけて、相手が考える状況をつくり出します。

質問をされた人は今までになかった新たな気づきを得て、選択の幅を広げることができます。

このように、コーチングで効果的に質問をすると、「相手の選択肢を増やすこと」ができます。その結果、その人は行動の幅を広げることができるのです。

＼＼質問の軸は「①時間、②人、③状況、④場所」の4種類＼＼

そうした効果的な質問をするために重要なことは、**質問の軸を意識する**ことです。質問の軸を意識すると、質問のレパートリーが増え、効果的な質問ができるようになります。

質問の軸には、「**①時間、②人、③状況、④場所**」という4つの軸があります。

例をあげて説明します。

今から、あなたがクライアントにコーチングをするとしましょう。コーチングのセッションでは、最初にそのコーチングセッションのテーマとゴールを決め、そのゴールに向かってコーチングを行います（コーチングの詳しい手順については、第8章でも説明します）。今回のテーマは、「仕事がうまくいっていない」ことについてで、ゴールは「仕事がうまくいくための方法をいくつか考えたい」だとします。

コーチングのセッションでは、ゴールを達成するためにコーチがクライアントに数々の質問をしますが、そのときに次の4つの軸を考えて質問をします。

①「時間」の軸

1つ目は時間の軸です。現在、過去、未来を考えます。**時間の軸をずらすことで、現在の視点だけではなく、過去や未来へと思考を広げることができます。**

過去は、たとえば昨年や入社してすぐのとき、未来はたとえば1年後、3年後、5年後など、今ではなく過去の自分がやってきたことを振り返ったり、未来の自分を想像したりして質問をします。

コーチングのテーマは、「仕事がうまくいかない」ことでした。それに対して過去を振り返ると、「これまで、何かがうまくいかなかったとき、どのようにして解決し

①「時間」の軸

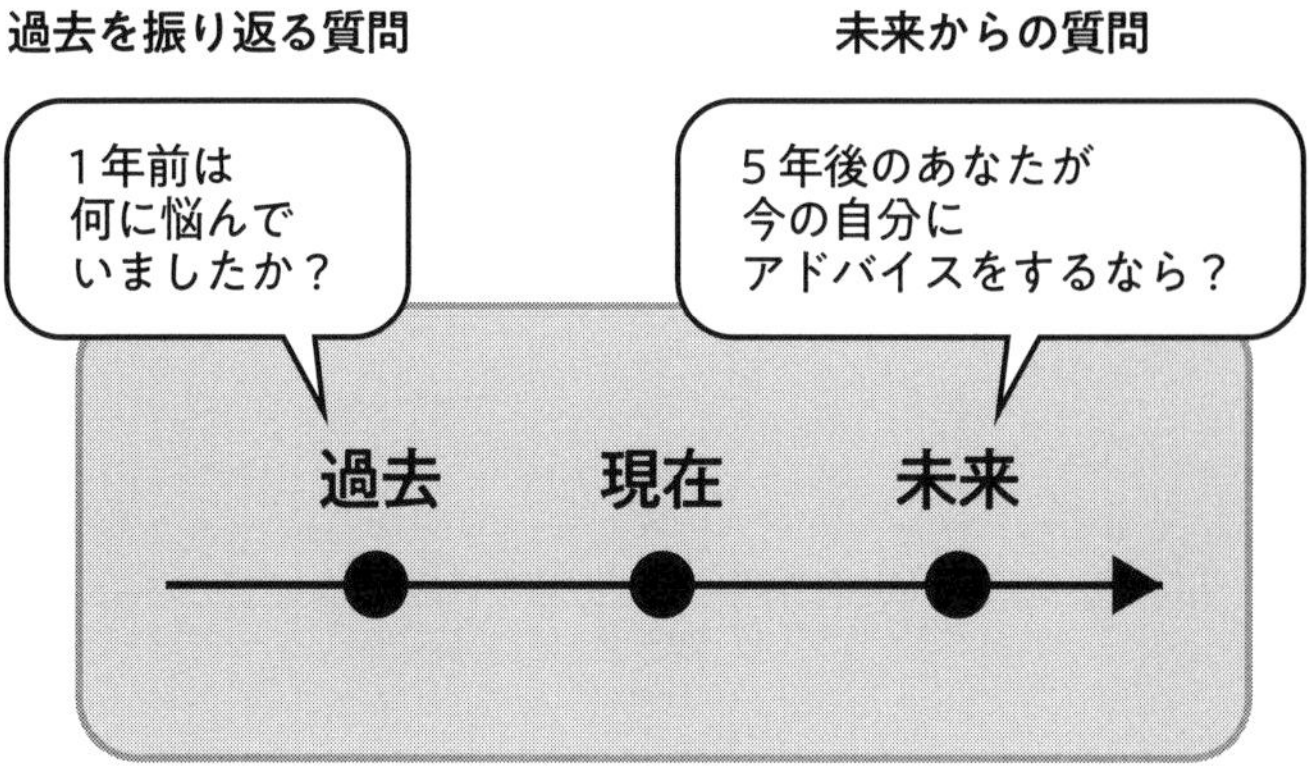
過去を振り返る質問
未来からの質問
1年前は
何に悩んで
いましたか？
5年後のあなたが
今の自分に
アドバイスをするなら？
過去
現在
未来

ましたか？」「1年前はどのようなことで悩んでいましたか？」といった質問ができます。

そう質問されることで、クライアントは改めて過去の自分を振り返ってみることができるのです。

「あのときはわからないことが多く、多くの人に助けてもらいながら、なんとかやり遂げることができた。おかげでほかの部署にも多くの知り合いができた。あのときに知り合った鈴木さんに、今回の仕事も手伝ってもらうことができるかもしれない」などと思うかもしれません。

あるいは、「1年前は入社したばかり

で、できる仕事もほとんどなくて、不安だらけだった。先輩に教えてもらいながら仕事を覚えて、今は１人で仕事を任されるまでになった。この１年で成長したから、新しい仕事もなんとか自分１人でできるだろう」と思うかもしれません。

未来に目を向けることもできます。

たとえば5年後を想像して、「5年後のあなたが今の自分にアドバイスをするとしたら、どういう質問をしますか?」と聞いてみます。

クライアントは、「5年後の自分はめちゃくちゃ仕事ができる人になっているはずだ。できる自分から見ると、今の自分は小さなことで悩んでいるように見える。今回の仕事も絶対できるはずだ。とにかく、少しずつでいいから地道に目の前のことをやるんだ!　と言ってあげたい」と答えるかもしれません。

このように**時間の軸をずらすことで、過去を振り返る質問や未来からの質問ができます**。時間の軸をずらした質問をされることで、クライアントの思考が広がります。

② 人の軸

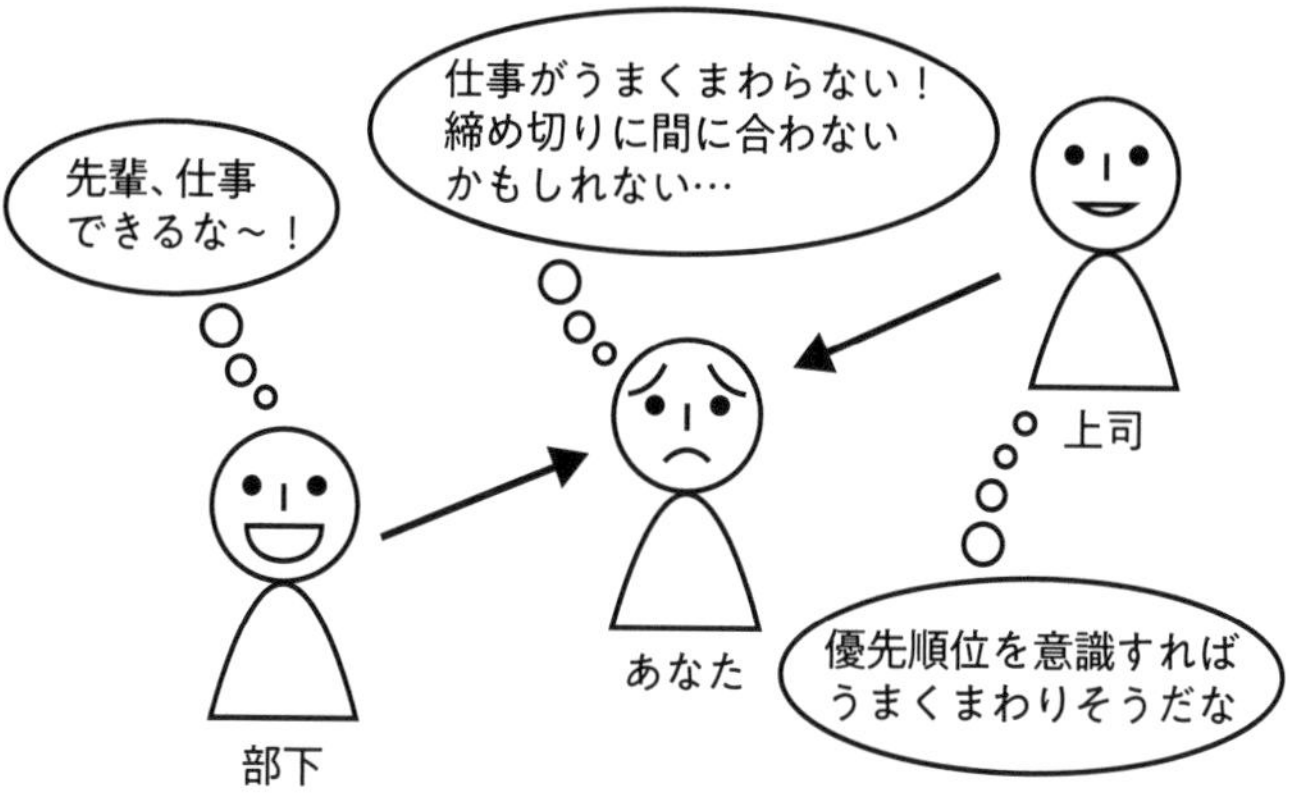

② 人の軸

2つ目は人の軸です。人の軸を変えるときは、自分以外のいろいろな人の立場から今の自分を見てみます。

たとえば、こんなふうに質問してみます。

「今あなたは、仕事がうまくいかなくて悩んでいます。そんなあなたを後輩が見たら、どう思うでしょうか？　あなた自身は仕事がうまくいかないと思っていても、入社したばかりの後輩から見ると、あなたはとても仕事がうまくいっているように見えるのではないでしょうか？」

「あなたの上司があなたを見たらどうでしょうか？　上司から見ても、仕事がうまくいっていないように見えるでしょうか？　もし、うまくいっていないように見えるのであれば、上司は、あなたにどんなアドバイスをするでしょう？」

このように、**人をずらすことで、後輩の視点、上司の視点など、クライアント自身に自分とは違った人の視点から自らを見てもらい、思考を広げることができます。**

さらに、時間と人を掛け合わせて、「来年入ってくる新入社員から今のあなたを見たら、どのように見えるでしょう？」といったように、さらに多くの視点から自分のことを見ることもできます。

③状況の軸

3つ目は状況の軸です。状況の軸を変えるときは、**置かれている状況を変えて質問をしてみます。**たとえばクライアントが、締め切りが3ヶ月後の仕事にまったく手がつけられていないことで悩んでいるとします。本来であれば、今はもう2割ぐらいで

③ 状況の軸

1人ではなく
チームでやるとしたら
どうですか？
そうか！　自分1人で
やろうとしていたから
大変なんだ…！

きていないといけないのですが、まったくできていないので本人は焦っています。

このケースで状況の軸をずらすと、たとえばこんな質問ができます。

「もし締め切りが3ヶ月後ではなく半年後になったらどうですか？」「今はすべての仕事をあなた1人でやろうとしているけれども、チームでやるとしたら、誰と一緒にやりますか？」「その人たちには、どんな仕事を割り振りますか？」

そうすると、クライアントは「そもそも自分1人でやろうとしていたから大変なんだ」とか、「実はチームでやっているはずなのに、いつのまにか自分で全部抱えこんでしまっていた」と自分で問題に気づくことがあります。
「何かあったら言ってくれ、と上司が言っていたのに、自分がなかなか言い出せなかったんだな」と、問題の本質が「仕事ができていない」ことではなく、「上司に相談がしにくいこと」だと気づくこともあります。

このように**状況の軸を変えることでも、クライアントの思考の幅を広げることができます。**

④場所の軸

4つ目は場所の軸です。

場所の軸をずらした質問の例は「仕事を事務所でやるのではなく、近くの喫茶店でやったら何が変わりそうですか?」といった質問です。

もしも、クライアントが「喫茶店のほうが仕事がはかどる」と言ったならば、「事務所と喫茶店では何が変わるんですか?」などとさらに質問します。

クライアントは、質問されることによって「美味しいコーヒーが飲めるといいよな」

④ 場所の軸

とか、「外に出るだけでリフレッシュできる」とか、「場所が変わると気分転換ができていい」など、いろいろと気づきが得られるでしょう。

4つの軸をもとにすれば無限に質問をつくれる

今回は「3ヶ月後に締め切りが来る仕事がうまくいかない」がテーマでした。

これに対して時間、人、状況、場所という軸をずらしてコーチが質問することで、クライアントは選択肢を広げることができます。

また、このような質問を投げかけられることで、クライアントの思考が深まり、新たな気づきが生まれます。

このように**4つの軸をもとにして質問をつくっていくと、無限に質問をすることができます**。

もしコーチングをしていて質問に困ったと思ったら、時間をずらす、人を変える、状況をずらす、場所をずらす、と考えながらクライアントに質問を投げかけてみてください。

まとめ

質問に困ったら「時間、人、状況、場所」をずらしてみよう。質問が無限に生まれるはず。

「オープンクエスチョン」と「クローズドクエスチョン」を使い分ける

「オープンクエスチョン」が有効なとき

質問には2種類あります。**「オープンクエスチョン」**と**「クローズドクエスチョン」**です。

オープンクエスチョンとは、**5W2Hの疑問詞を使って、相手に自由に答えてもらう質問**のことです。たとえば、「いつやりますか?」「どこでやりますか?」「誰と一緒でしたか?」といった質問です。

オープンクエスチョンを使うと、相手にじっくり考えてもらうことになるので、**相**

手が思考を深めたり、新たな気づきを得られたりします。たとえば「どんなことをしますか？」と質問すると、相手は自分の行動をより具体的に考えることができます。

あるいは、相手がしたいと思っているけれども、何も手をつけていない状況であれば、「いつまでにやりますか？」と聞いてみましょう。「今月中にやります」などと質問に答えることで、相手は具体的な期限を設定できます。

質問をされることで、相手は「そもそも本当に自分はこれをやりたいと思っているのか？」と、自分の気持ちを確かめることもできます。

「クローズドクエスチョン」が有効なとき

クローズドクエスチョンは、**イエスかノーで答えられる質問**です。たとえば「昨日は会社に行きましたか？」とか、「本当にやりますか？」といった質問です。

クローズドクエスチョンは**事実を明確にするときや、答えが早くほしいときに有効**です。たとえば、「1人で行ったんですか？」「山田さんは来ましたか？」といった質問は、イエスかノーで答えられるのですぐに答えがわかりますし、事実を明確にでき

オープンクエスチョンとクローズドクエスチョン

	オープンクエスチョン	クローズドクエスチョン
どんな質問?	Yes/No で答えられない質問	Yes/No で答えられる質問
メリット	・会話が広がる ・意見やアイデアが湧き出やすい ・コミュニケーションが深くなる	・早く結論が得られる ・確認が得られる ・相手は回答しやすい
デメリット	・結論が出るまで時間がかかる ・話し手は回答しにくい	・会話が広がらない ・意見やアイデアが出にくい ・コミュニケーションが浅くなる

ます。

クローズドクエスチョンは、**コミットメントを引き出すときにも有効**です。

たとえば、「いつまでにやりますか?」と聞いて、相手が「来週中にやります」と答えた場合、「本当に来週中にやりますか?」とさらにクローズドクエスチョンを重ねることで、相手のコミットメントを引き出すことが可能です。

その反面、クローズドクエスチョンはイエスかノーの二者択一になるので、**相手の思考を広げることはできません**。

また**言い方によっては責められていると感じさせる恐れもあります**。先ほどの例では「来週中にやります」と言ったあとで、「本当に来週中にやりますか?」と聞かれると、相手は責められていると感じるかもしれません。クローズドクエスチョンを使うときには**表情や言い方を柔らかくするなど、詰問にならないように注意**しましょう。

もしも、クローズドクエスチョンのあとで場の雰囲気が緊張してきて、「しまった」と思ったときにもリカバリーする方法があります。**次の質問をオープンクエスチョンにする**ことです。たとえば、「本当にやりますか？」と聞いて、場が緊張してきたなと思ったら、「具体的には？」「ほかには？」「たとえば？」などとオープンクエスチョンを重ねることで、**相手は時間をかけて思考を掘り下げることができ、場の緊張が和らぎます**。

2つの質問を上手に使い分けていきましょう。

まとめ

「オープンクエスチョン」と「クローズドクエスチョン」を使い分けて、知りたい情報を相手から上手に聞き出そう。

質問の質を上げる5つのポイント

コーチングのセッションをはじめる前に

セッションで効果的な質問をするために、注意すべきポイントは次の5つです。

①コーチングをする前に質問を考えておく
②クライアントを誘導しない
③質問は1回につき1つだけする
④相手から質問されたときには答える
⑤トレーニングを欠かさない

①コーチングをする前に質問を考えておく

効果的な質問をするためには、準備が必要です。

まず、**事前に質問のリストを作成しておきます**。コーチングのセッション前に、クライアントのカルテと質問リストを見ながら、どのような質問をするかをイメージしておくと良いでしょう。

質問リストには、毎回のコーチングを実施したあとにも質問を追加して、ブラッシュアップを続けます。毎回、質問リストを見ながら、「最近はこの質問をしていないな」とか、「こういう質問もあるのか。一度使ってみよう」、などといろいろ考えて、実際にセッションの中で実行してみてください。

コーチングをしている仲間と協力して質問リストをつくると、多様な人の視点が入って質問に厚みが出てくるので、おすすめです。

②クライアントを誘導しない

質問は相手の思考を引き出すためのもので、自分の意見を押しつけるためのものではありません。よって、質問で相手を誘導してはいけません。

どうしても自分の意見を伝えたい場合は、**まず相手に自分の意見を言う許可を得て、あくまで意見として伝え、そのあと、それに対して相手がどう思ったかを聞く**、という3段階で伝えます。

③質問は1回につき1つだけする

質問をするときは、一度にいくつもの質問をせずに1つの質問に集中しましょう。

たとえば旅行へ行ったあとで、「誰と行ったんですか？」「いつ行ったんですか？」「何をしに行ったんですか？」「どこが一番良かったですか？」などと立て続けに質問されると、相手は何から答えていいかわからなくなります。

多くの質問をすることよりも、**質問に対するクライアントの話を1つひとつ丁寧に聞いていく**ことを心がけましょう。

＼＼④相手から質問されたときには答える＼＼

コーチングをしていると、ときどき、「先生はどう思いますか？」などとクライアントから聞かれることがあります。

質問された場合は、「私の意見としてお伝えします。私は○○○だと思います」と、まず質問に答えましょう。

そのあとで、「あなたはどう思いますか？」「今の話を聞いて、何か気づいたことはありますか？」などと、相手に考えさせる質問をすることで、相手の思考を広げたり、深めたりできます。

＼＼⑤トレーニングを欠かさない＼＼

質問の質を上げるためには、**定期的に自分のコーチングのセッションを振り返る時間をつくって、改善点を見つける**ことも必要です。

仲間同士でコーチングの練習をするときなどに、相手に断った上でICレコーダー等でセッションを録音し、あとで聞き返して、自分がどんな質問をしているのか、その質問でクライアントにどんな影響があったのかを振り返りましょう。

こうした振り返りにより、質問の質を上げることができます。

まとめ

効果的な質問をするには事前準備と振り返りが大切。

3種類の「チャンク」の使い方

質問の切り口は大中小の3種類

チャンクとは、**物事をとらえる切り口の大きさのこと**です。
切り口の大きい順から「**ビッグチャンク**」「**ミドルチャンク**」「**スモールチャンク**」の3種類に分けられます。ビッグチャンクは抽象度が高くて全体的なイメージを表します。スモールチャンクは細かくて具体的な情報になります。

たとえばあなたが、「仕事で初めて会うお客様との会話が苦手」だとします。この場合に、それぞれのチャンクを表現すると、次のようになります。

「仕事がつらい」…ビッグチャンク
「お客様との会話が苦手」…ミドルチャンク
「初対面のお客様との会話が苦手」…スモールチャンク

これらのチャンクには、それぞれに適した使い方があります。

何かについてみんなで話し合っていて、考えを深めたり新しいアイデアを生み出したりしたいときには、ビッグチャンク、またはミドルチャンクを使いましょう。

逆に、目標に向かって行動を起こすときに、「その目標を達成するにはどうしたらいいか？」といった具体的で細かい手段を考えていくときには、スモールチャンクが適しています。

まとめ

新しいアイデアを生み出したいとき、具体的な手段を考えたいとき……など、目的に合わせてチャンクを使い分ける。

「チャンクアップ」「チャンクダウン」「スライドアウト」で対話を前向きに

＼＼行き詰まったら「チャンク」を変更＼＼

対話を効果的に行うためには、意識してチャンクを使い分けます。

たとえば、ずっとビッグチャンクの会話ばかりが続くと、今後の具体案が出にくくなります。そうした場合には「**チャンクダウン**」をして、物事を具体的に見たり、課題を細分化したりする必要があります。

逆に、ずっとスモールチャンクの会話が続くと、具体案ばかりが出てきて、全体的なイメージを持ちにくくなります。そうした場合には「**チャンクアップ**」して事象を抽象化し、全体像をとらえるようにします。

チャンクアップとチャンクダウン

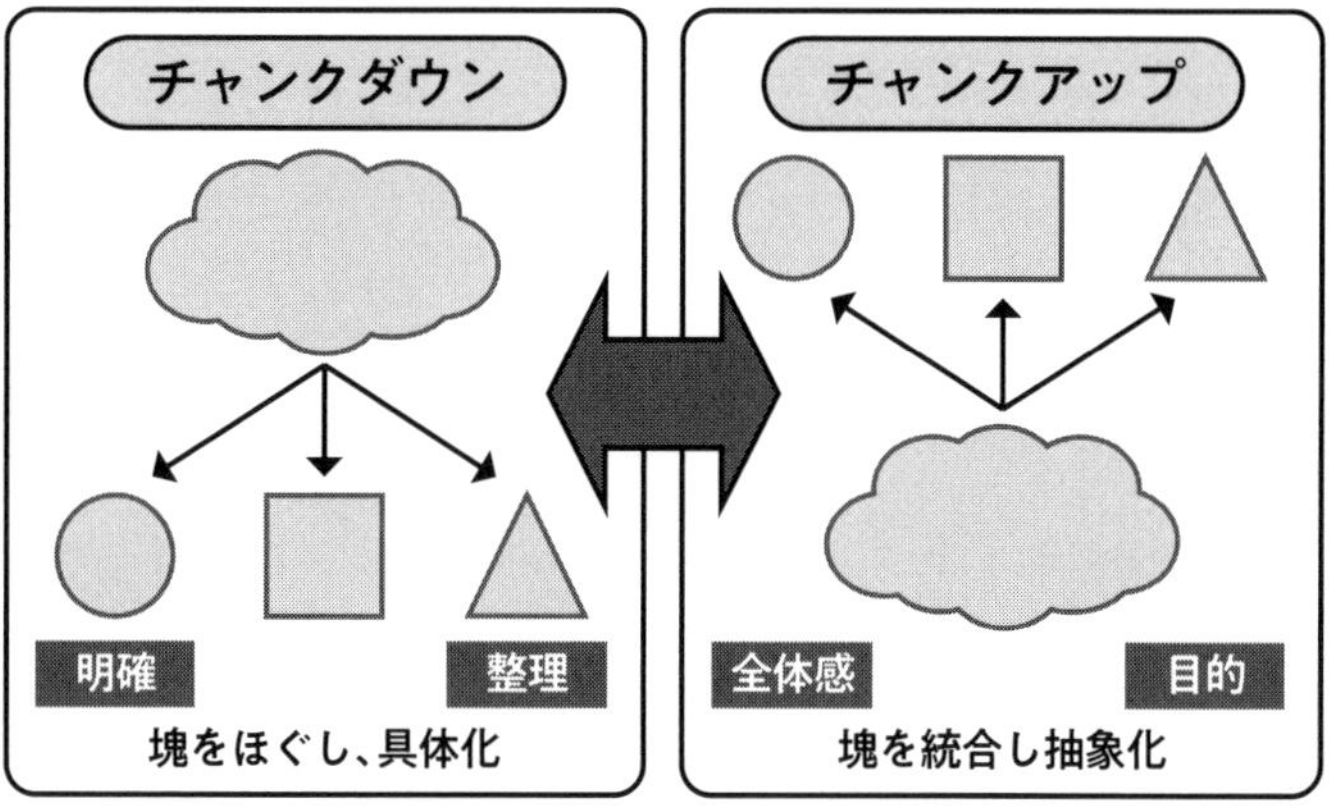

実は私たちは、ふだんの会話でも、無意識のうちにチャンクを使い分けています。

ここでは意識的に質問をしてチャンクの大きさを変えたり、別のテーマにスライドさせて話を進めたりする手法を紹介します。

／／変更方法① チャンクダウン／／

たとえば「仕事が忙しい」と相手が言っている場合を考えてみます。

この場合に「1日のうち、いつ忙しいと感じるのか」「忙しいと感じるのはどんな場面か」と、だんだんチャンクのレベルを小さくしていくと、忙しい理由を明確にすることができ、「じゃあ、どうしたらいいか」

という視点から具体的な行動を起こしやすくなります。

／／変更方法②　チャンクアップ／／

たとえば、業績向上のために部下が日報をつけているとします。しかし、毎日続けるうちに日報を書くこと自体が目的になってしまい、業績向上という本来の目的を見失ってしまったとします。

そんなときには、「毎日、日報を書く目的は何だと思う？」といった**チャンクを大きくする質問**をして、仕事の本来の目的を思い出させるようにします。

／／変更方法③　スライドアウト／／

クライアントから幅広い情報を引き出したり、1つの事柄を深く検証するために、質問の答えをいったん脇に置いて、あえて別のテーマで会話を進めることを「**スライドアウト**」と言います。

たとえば業績向上のために日報をつけている部下に対して、「業務向上のためには、ほかにどんなことができそうかな？」と質問をすることで、部下の視点を日報以外のことに広げるきっかけができます。

質問のスキルは相手との信頼関係を築くために欠かせない

この章であげたポイントを意識してトレーニングすることで、効果的な質問ができるようになります。

質問はコーチングの重要なツールであり、相手との信頼関係を築くためにも欠かせないものです。質問のスキルをしっかり身につけて、効果的なコミュニケーションの実現を目指してください。

まとめ

テクニックを駆使してチャンクを縦に横にスライドすれば、効果的なコミュニケーションが実現する。

〈事例〉コーチングをとりいれたら、社員間のコミュニケーションが活発になりました

私は毎年、税理士などの士業向けに8ヶ月間の講座を開催しています。この講座ではコーチングを大事にしており、講座の受講生同士で毎週コーチングの練習会を行っています。

受講生3人が1組になり、1人がコーチ、1人がクライアント、もう1人はオブザーバー（客観的な視点でコーチにフィードバックを行う人）となって、3人で3つの役割を順番に交代して、15分のコーチングを3回行います。

受講生の中に、自分の会社にこのコーチングの練習会をとりいれて、社内の雰囲気が良くなったという人がいたので、この章の最後にその事例を紹介します。

■松岡 瞬さん　税理士法人 M's ソレイユ 代表社員

私は、社員が数名の税理士事務所の所長です。

あべきさんの講座を受けて、毎週やっているコーチング実践会が私の仕事を進める

のに非常に効果がある、と実感しました。そこで、自分の事務所全体でもコーチング実践会をとりいれることにしました。社員同士が3人組になって、お互いにコーチングをし合うのです。

とはいえ、私の事務所の社員はコーチングという言葉自体も知らない人ばかりなので、コーチ役の社員は、コーチング実践会で使っている質問リストを見ながら、お互いに質問をする、ということにしました。

社員の1人、Bさんは真面目で、1人で地道に黙々と仕事をする人です。必要な報連相はできているものの、自分からはあまり積極的にほかの社員と関わろうとしないので、少し課題を感じていました。

しかし社員同士でコーチング実践会を続けるうちに、Bさんが少しずつほかの社員に話しかけることが増えてきたのです。

社内のコーチング実践会では、オープンクエスチョンをしたり、チャンクアップやチャンクダウンの質問をしたりするなど、コーチ役の社員はいろいろと工夫をしていました。試行錯誤しながらも週1回社員同士でコーチングをすることで、社員が少しずつオープンになり、お互いに話をするようになったようです。

実践会をはじめて1ヶ月も経たないうちに、社内の雰囲気が劇的に良くなったのには本当に驚かされました。心なしか社員一人ひとりが自信を得たように感じられたことも嬉しい驚きでした。あらためて、コーチングの良さを実感した次第です。

第5章

目的を持って質問をつくる

質問をする3つの目的

＼＼あくまで相手に気づかせ、うながす＼＼

コーチングで質問をする目的は、**①相手との信頼関係を築く、②相手が自分の状態を把握することをうながす、③相手の行動を促進する、**の3つです。

①相手との信頼関係を築く

信頼関係については第3章で詳しく解説しましたので、ここでは繰り返しません。質問をして、相手に答えてもらって話を聞く、というコミュニケーションを続けることで、相手との信頼関係を深めることができます。

②相手が状態を把握することをうながす

上司（コーチ）は、部下（クライアント）が今の自分の状態や感情の動きを把握できるように、うながすための質問をします。

このときの主体は上司ではなく、あくまでも部下です。上司が「あなたは今、こんな状態ですから、こうしたほうがいいですよ」とアドバイスすることではありません。

極端に言えば、**上司は相手の状態を知る必要はありません。部下が自分自身の今の状態や感情を、自分で把握していることが重要**なのです。

なぜなら、人は自分の状態がわかっていないことが多いので、コーチングを通じて自分が今どんな状態にあるのか？　どんな気持ちなのか？　を客観的に意識できるようになれば、それだけで有意義だからです。

③相手の行動を促進する

コーチングを受けていると、「こんなことをやってみよう」とか、「あんなことをしたい」と、いくつもの選択肢を思いつきます。**選択肢が増えることで、より良い選択肢にたどり着く可能性が高まります。**

行動するときに選択肢が1つしかなければ、その選択肢しか選ぶことができません。やってみたけれどもうまくいかなくて、そのまま進めなくなる場合もあるでしょう。

しかし、選択肢が10個あれば、その中から自分にとって一番良いものを選んで行動に移せます。もしその方法でうまくいかなくても、別の選択肢を選んでもう一度やってみることができます。良い結果につながる可能性が高くなります。

具体的な例を見てみます。

あなたの部下が得意先から仕事を頼まれました。しかし、彼自身はすでに仕事が手いっぱいで、とても引き受けられる状態ではありません。

部下「得意先から急ぎの仕事を頼まれました。でも、今は正直なところ、私はほかの仕事だけでも手いっぱいで、その仕事をする時間がありません。

部下の山田さんに頼もうと思ったのですが、彼も今忙しくて、とても頼める状態ではありません。期限が短い仕事だし、どうしたらいいものかと悩んでいます」

あなたなら、この部下にどのような言葉をかけますか？
この場合、上司は部下にコーチングをしながら、たとえば次のように会話を進めてみてください。

上司「あなたも山田さんも今仕事が詰まっていて、その仕事はできそうにないのですね。では、もしその仕事を外部の人に頼めるとしたら、誰に頼むことができますか？」
部下「なるほど、そういう方法もありますね。高橋さんに頼むことができるかもしれません」

部下には「自分たちでやる」という選択肢しかなかったのですが、上司の質問で「外部に頼む」という選択肢が増えました。このように**質問をして考えてもらうことで、選択肢を増やすことができます。**

ほかにも、このような質問が考えられます。

「もし一部だけでも誰かに頼むことができるとしたら、どの部分を切り出せますか？」

「その切り出した部分は誰に頼むことができますか？」

「山田君がやっている仕事の中で、ほかの人に任せられそうな仕事があるとしたらどんなことですか？」

質問をするたびに、

「比較的、単純作業が多い部分があります」

「新人の佐藤さんに頼むことができるかもしれません」

「そうか、山田君の仕事の一部を人に任せて、今度の仕事を山田君に頼むこともできますね」

と、部下の選択肢はさらに広がります。

ここで大事なことは、部下が何か答えたときに、「今、そう言ってみてどう感じましたか？　どれくらいしっくりきましたか？」とか、「今言ってみて、引っかかるところはありますか？」などと確認し、今後、具体的に何をするかを決めていくことです。具体的なイメージが出てきたら、最後に本当にそれでいいかの確認をとります。

上司「実際にそうやって外部に出した場合に、うまくいくというイメージが湧きますか？」
部下「確かにうまくいきそうな気がします」
上司「では、これからどうするか具体的に考えてみましょう」
部下「〇〇をして、△△で……」

あるいは、部下が何か引っかかっているところがあれば、それが何かを具体的に聞いて、1つひとつ問題を解決していきます。

上司「実際にそうやって外部に出した場合に、うまくいくというイメージが湧きますか？」

部下「いや、ちょっとイメージが湧きにくいです」

上司「具体的に、どんなところで引っかかっていますか？」

このように上司がコーチングすることで、部下が抱えている問題に対する選択肢を広げ、次の行動につなげることができるのです。

まとめ

質問をした相手に、自分が抱えている問題に気づかせることがコーチングの目的。

意味のある質問のつくり方

常に目的を考えて質問する

コーチングをするときは、上司が「私にはこういう目的があるから、今、部下に対してこの質問をしている」と認識して質問をすることが大事です。

そうしないと、意味のない質問をしたり、質問で相手を困らせたりすることにもなりかねません。

上司は部下の今の状況を見て、**どんな目的のために、どんな質問をすれば、部下の行動を促進できるのか**を考えて質問をしましょう。

たとえば、部下が「今回の新しい仕事のことですが、どう進めていいのかわからなくて困っています」と言ったとします。この状態では、具体的な次の行動にはつながりません。

上司は「もう少し詳しく教えてくれますか?」とか、「具体的にはどのようなことですか?」などと質問をして、部下の頭の中で今モヤモヤしていることを具体的にしていきます。

このときの質問の目的は、部下が今悩んでいることを具体的にすることで、次の行動に結びつけることです。

このように、上司は常に目的を考えて質問をする必要があります。

質問をつくるときには、**①イメージをつくる**、**②リソースを探す**、**③ロールモデルを見つける**、**④視点を変える**、という4つの方法がありますから、これらも参考にしてください。

①イメージをつくる

イメージをつくるというのは、**五感を使って、相手のアイデアや考えを具体的なイメージにすること**です。

まず、自分が今後どうしていきたいのか、どうなりたいのかを、できるだけ細かく思い描いてみます。細部まで思い描くことができればできるほど、より具体的なイメージを持てるので、何からはじめればいいのか、どうやってそれを実現すればいいのかもわかってきます。

反対に思い描いたイメージがぼやけていて、何が描いてあるのかわからない状態では、それを実現する方法もまったくわかりません。

イメージをつくるときには、コーチングをしながら、相手が持っているぼんやりした目標やゴールを具体的にしていきます。

このときは上司が「こんなイメージですか？　あんなイメージですか？」と提示す

るのではなく、相手にイメージしてもらってください。

具体的な例で説明します。

たとえば部下の目標が「収入を上げたい」だとします。

しかしこのままでは、本人がどれぐらい収入を上げたいのか、そのためにはどんなことをすればいいのか、あるいはそれを実現したあとにどんなことをしたいのか……などはまったくわかりません。

そこで、まず部下の目標を具体的にする必要があります。

収入をいつまでにどれくらい上げたいのかを確認しましょう。収入を2倍にしたいのか10倍にしたいのかで、やることもまったく違ってくるからです。たとえば短期間で収入を10倍にしたいとなると、「転職しましょう」という話になったりしますよね。

このとき、上司は部下の目標をはっきりさせるために、**においや音など五感を使った質問をすると効果的**です。

①イメージをつくる

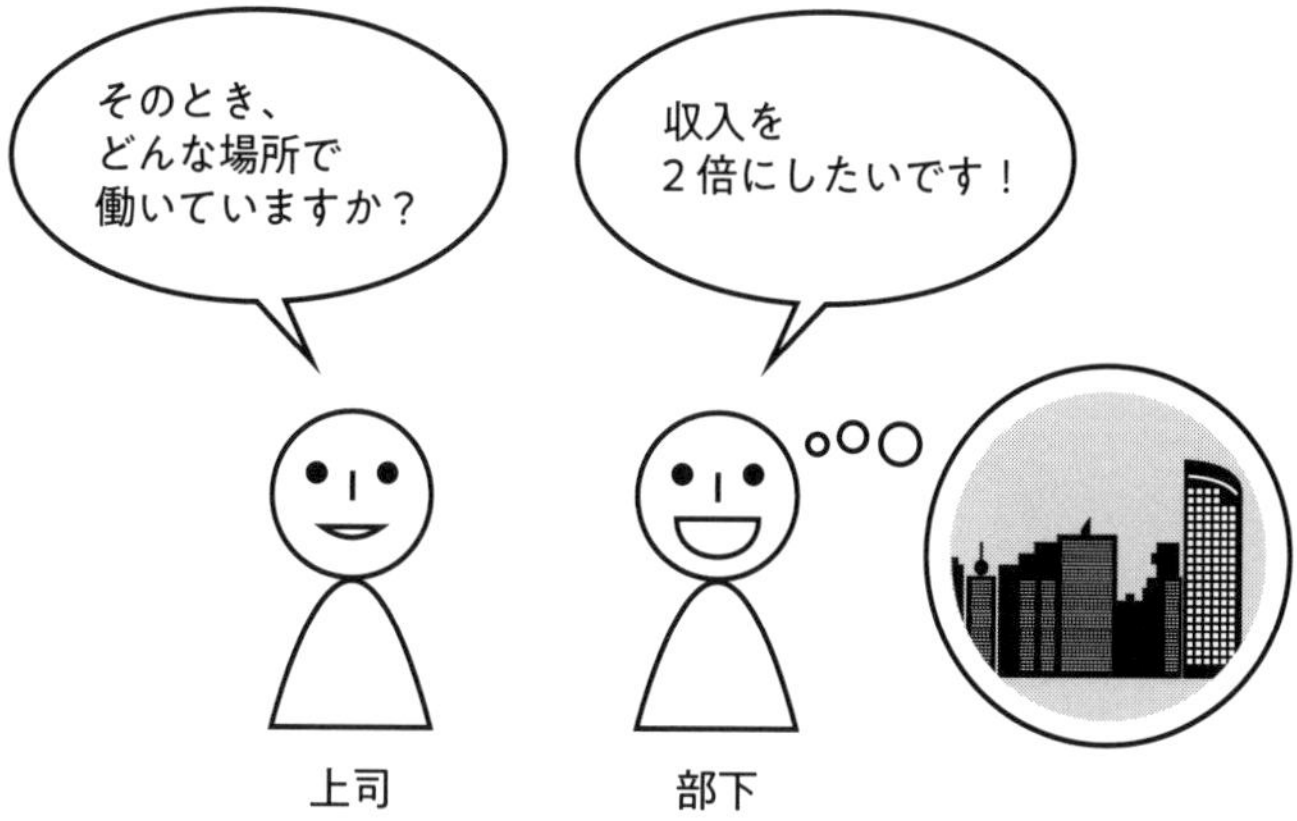

「具体的には、収入をいつまでに、どれくらいにしたいですか？」

「収入が2倍になったとき、あなたはどんな場所で働いていますか？」

「その場所の周りには何が見えますか？」

「デスクの上にはどんなものが置かれていますか？」

「誰と一緒に働いていますか？」

「そこでは、どんなにおいがしますか？」

「どんな音が聞こえますか？」

部下は、自分がぼんやりと思っていたことを細部まではっきりとイメージすることで、「絶対にそれを実現したい」と思うようになります。そうすると、「もっと効率良く仕事ができるようになろう」とか、「副業をはじめてみよう」などと、具体的な選択肢を思いついて実際に行動できるようになります。

もう1つ例をあげます。部下が「残業を減らして、毎日午後7時には家に帰りたい」という目標を立てたとします。

上司「今、あなたがその目標を達成しているとしたら、どんなことをしていますか?」
部下「妻と子どもたちと晩ごはんを楽しんでいます」
上司「どんな音が聞こえますか?」
部下「子どもたちの笑い声が聞こえます」
上司「どんなにおいがしますか?」
部下「できたての食事のおいしそうな匂いがします」

部下は、楽しそうな家族との食事を思い浮かべて、ぜひそんな生活を送りたい、実現したいと感じます。

「どうやって残業時間を減らそうか？」「どうやって仕事を効率化しようか？」「何か、なくせる仕事はないか？」などと具体的な選択肢を考え、そこからいつくかを実行するようになる、というわけです。

②リソースを探す

リソースとは、**その人が使える資源**のことです。**その人が持っているものや情報、信頼している人たち、お金、その人自身の今までの経験や考え方**といったものが含まれます。

これまで、何か問題があったときや困難に直面したときに、なんとか解決した経験があれば、その経験も貴重なリソースです。

誰にでも多くの資源があるのですが、意外と自分では気づいていないこともあります。そういった本人が気づいていないリソースを探す手伝いをするのも、コーチングで上司ができることの1つです。

たとえば次のような質問をすることで、部下の手伝いをしてあげることが可能です。


「以前にも、似たようなことはありませんでしたか？」

「その問題をどうやって解決しましたか？」

「最近、目標を達成したのはいつですか？」

「その目標を達成したとき、どんな準備をしましたか？」

「そのとき、どんな困難がありましたか？」

「その困難をどうやって乗り越えていきましたか？」

「それをやりとげるために、あなたが最も大切にしていたのはどんなことですか？」


部下は質問に答えることで、「3年前にも同じようなことがあったな。あのときは大変だったけれど、なんとかやりとげることができて、自分の自信にもなった。今回もうまくいくかもしれない」など、あらためてそのときのことを振り返ることができ、本人の自信につながります。

② リソースを探す

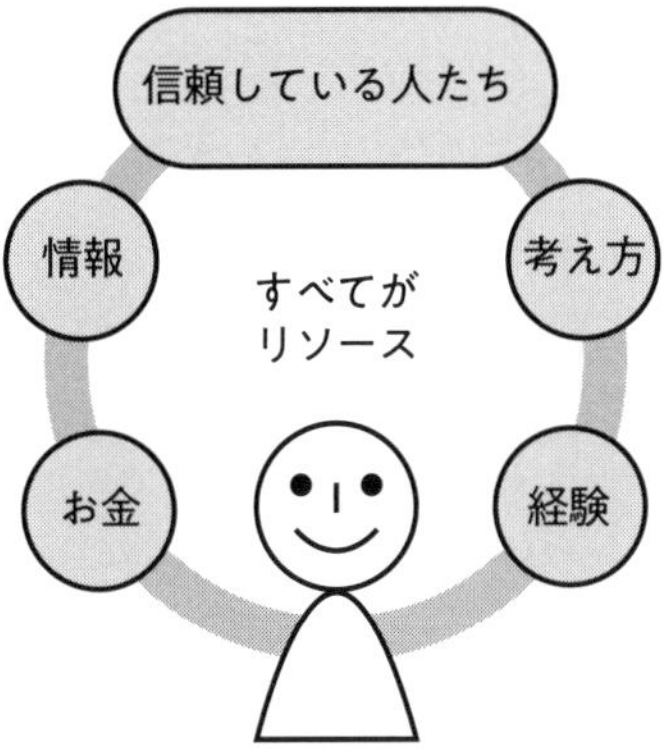

なお、上司が過去に同じような経験をしたことがあったとしても、「私は同じようなことがあったとき、こういう方法でうまくいったんだよ」とアドバイスはしません。**それは上司の成功体験であって、人が違うし、世代も違うし、考え方も違うからです**。

たとえばZ世代の部下にとっては、50代の上司から「気合で乗り切る」「徹夜で仕事をする」と言われても、理解できないでしょう。上司が若いときには、徹夜で働くことが有効なリソースの1つだったかもしれませんが、自分のそうした経験をふまえて部下にアドバイスをしても、部下が同じ方法でうまくいくわけではありません。

部下のリソースを引き出すためには、部下が困難を乗り越えたときに大切だったことは何だったかを聞くことが役立ちます。「仲間との協力でした」とか「ノリでやったらうまくいっちゃったんですよね」といった答えが返ってくるかもしれません。

そうしたら、「今回の案件も、ノリでやってみたらどうなる?」などと質問してみましょう。

③ロールモデルを見つける

自分がやりたいと思っていることは、ごく稀なケースを除いて、すでに達成している人が必ずいます。そういう人を見つけて自分のロールモデルにして、その人のやったことを真似するのが目標達成の近道です。

モデルになる人は、自分と同世代の人のこともあれば、先輩や上司かもしれません。今の時代では見つからなくても、100年前や200年前、あるいは1000年前の歴史上の人物の中にいるかもしれません。

③ ロールモデルを見つける

自分がこれからどうするかを自力で考えるよりも、**自分のやりたいことをすでに達成しているモデルを見つけ、その人のやり方を真似するほうが、短い時間で多くの選択肢を見つけられます。そうすると、短期間でいろいろな方法を実際に試すことができるので結果も早く出ます。**試す回数が多いほど実現する可能性が高くなるからです。

上司が適切な質問をすることで、部下がロールモデルを見つけて、選択肢を増やすのを手伝える、ということです。

「仕事のやり方で誰かモデルになる人がいますか？　それは誰ですか？」

「あなたが『この人のようになりたい』と思っている人は誰ですか？」

④ 視点を変える

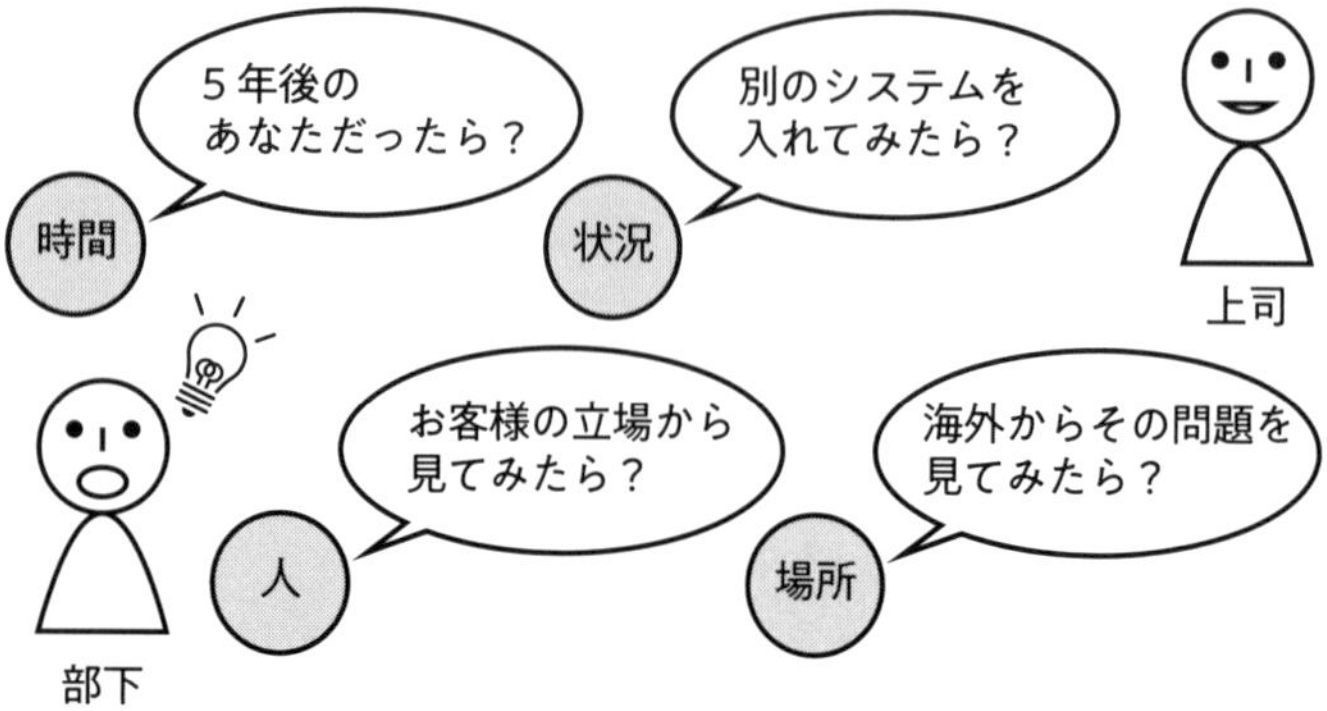

「歴史上の人物で尊敬している人は誰ですか？」
「その人のやっていることで、あなたが真似できることがあるとしたら、どんなことですか？」

部下はロールモデルのやり方を真似したり、もしその人が自分が今いる状況に置かれたらどう行動するか？　などと考えることで、選択肢を増やせるのです。

④視点を変える

今の状況を別の視点から見るために、**時間や人、あるいは場所や状況を変えて、上司が部下に質問をしましょう。**そうすることで、自分1人では答えが行き詰まったり、同じような考えしか思い浮かばなかったりするときでも、新たな視点を得られます。たとえばこんな質問です。

「5年後のあなただったら、この問題は解決できそうでしょうか？　そのために、今できることは？」

「お客様の立場からはこの問題はどう見えるでしょう？」

「海外からこの問題を見たら、どう見えるでしょう？」

「別のシステムを入れてみたら、この問題はどうなるでしょうか？」

このように視点を変えて質問することで、選択肢を無限に増やすことが可能です。

部下が自分1人で視点を変えた見方をするのは難しいので、上司が手伝ってあげるといいでしょう。

まとめ

上司は、部下が今悩んでいることに具体的に気づき、次の行動に結びつけられるように質問する。

「問い」の共有がもたらす未来

＼自分と同じことを部下にさせてもうまくいかない時代／

組織の中では、上司から部下へ指示・命令をするケースが圧倒的に多くなります。

大多数の上司は、若いときには自分の上司から指示・命令をされて仕事をして、業績をあげてきた人たちです。そのため、自分と同じことをやれば部下もうまくいくと思っていて、部下に同じ方法を勧めることがあります。上司には悪気があるわけではなく、部下のために良かれと思ってやっているのです。

しかし、今は時代や環境が違いますので、同じことをやってもうまくいきません。今の時代に合ったやり方を探さなければなりません。

今の時代は、上司が上から指示・命令をするよりも、チーム全体で「問い」を共有するほうが組織の力が上がります。

もともと「問い」を立てるのは選択肢を増やすためです。たとえば、「私たちのお客さまは、私たちにどんなサービスを求めているのか？」とか、「3年後に、どんなチームになっていたいと思うか？」といった問いをチーム全体で共有します。

その問いについて1人ひとりが考えて、チーム全体で話し合うことで、チームとして数多くの選択肢を持つことができます。それぞれの人がその中からやることを決めて行動に移すことで、組織全体が活性化します。

チーム全体で「問い」を共有

たとえばある会社で、ユーザー向けのイベントをすることになりました。このとき、イベントに関わるメンバー全員で、次のような「問い」を共有するとします。

「どんなことをしたら、イベントに来てくれるお客様に満足してもらえるだろう？」

この問いに対する答えは、メンバーの数だけ出てきます。その人の立場によっても違いますし、当日の役割や、来てくれるお客様との関係によっても違うでしょう。

イベントの責任者は、「イベント全体をスムーズに運営することだ」と思っています。その日に受付をする人であれば、「お客様を待たせないように、配布物はすぐに渡せるようにしておく」とか、「笑顔で明るくあいさつする」といったことを考えるかもしれません。

「問い」を共有すると、これまでだったら「私は直接関係ないから」と、あまりイベントに積極的でなかったメンバーも、「どんなことをしたら来てくれるお客様に満足してもらえるだろう？」と「問い」について考え、イベントに自分事として関わるようになります。

メンバー全員で「問い」を共有することで、１人ひとりのメンバーが自分の立場ではどんなことをすれば良いのかをそれぞれ考えて行動するようになります。

ほかのメンバーが考え出した答えの中には、自分がまったく気づかなかったものもあることでしょう。

「問い」をチーム全体で共有することで、選択肢の数を飛躍的に増やすことができます。自分とはまったく違った意見を知ることで、全員の視野が広がるのです。

また、1人ひとりが考えて行動するようになるので、自発的に行動できる社員が増え、チーム全体の力も上がります。

このように**組織全体で「問い」を共有すると、組織全体の力を上げられる**のです。

まとめ

今の時代は、個人よりもチームで「問い」を共有するスタイルが主流。

第6章

アカウンタビリティの高い組織をつくる

ヴィクティムな状態から
アカウンタビリティが高い状態へ

仕事の仕方は無数にある

コーチングを行うときには、コーチングを受ける部下のアカウンタビリティも高くないとうまく機能しません。

第6章ではアカウンタビリティとは何か、アカウンタビリティの高いメンバーが集まる組織とはどんなものかについて解説します。

アカウンタビリティとは、自分で決断し、実際に行動を起こして、その結果に責任を持つことです。別の言葉で言うと、「行動するための選択肢をどんどん増やし続けること」です。

たとえば、あなたが何か仕事を頼まれたとします。その仕事を引き受けて、「頼まれたからには、全部自分1人でやり遂げる」という方法は1つの選択肢です。

そのほかにはどんな選択肢が考えられるでしょうか？

たとえば「仕事の一部または全部を部下や同僚に頼む」、あるいは「外部の専門家に頼む」という方法もあります。「自分1人でやらずに、その仕事が得意な人を探して一緒にやる」こともできます。「チームとしてのノウハウにしたいから、チーム全員でやる」という選択肢もあります。

仕事をするときの自分の気持ちや態度にもさまざまなものが考えられます。「必死になってやる」「楽しみながらやる」「慎重にやる」「嫌々やる」「冷静にやる」「つまらない仕事だと思いながらやる」……。

仕事への取り組み方も、「今までにやったことがない方法を試してみる」「この仕事をすることで新しいスキルを習得する」「効率良くやる」「丁寧にやる」「いい加減にやる」などいろいろと考えられます。

「頼まれた仕事をやる」ことについて、それを実際にどのように行うかという選択肢は、このように無数にあります。これらの中でどれを選ぶかは、あなた自身が決められます。こうした状態を**アカウンタブルな状態**と言います。

自分でどんどん選択肢を広げて、その中から1つを選んで実行に移すことができる人は、アカウンタビリティが高いと言い換えることもできます。

アカウンタビリティが高い人は、「上司から急に仕事を頼まれた」という受け身になりがちな場面でも、自分で選択肢を増やして、数ある選択肢の中から「今回は時間がかけられないから、効率良くやろう」とか、「新しいスキルを身につけながら丁寧にやろう」と、自分で決めて実行できます。

受け身ではなく自ら動く

アカウンタビリティの反対語はヴィクティムです。

ヴィクティムの意識が強い人は、起こったことに対していつも受け身の姿勢でいま

す。何かが起こったときに、「自分は悪くない。周りの人が悪い。今の環境が悪い」と、いつも**被害者意識**を持っています。

ヴィクティムな姿勢のことを「他責」とも言います。

例を考えてみましょう。

あなたは、直属の上司である課長から仕事を頼まれました。そのときに「あの課長は嫌いだ。仕事を頼まれたくないのに、上司なので断れない。すごく腹が立つ」と考えるのは、「嫌いな課長からの仕事」に対して「腹を立ててしかたなく仕事をする」という選択肢以外をまったく考えておらず、**自動的に反応しているだけ**です。これがヴィクティムの態度です。

一方、同じ状況でも課長からの仕事をどうやって受けるのか？　自ら選択肢を増やすのがアカウンタブルな態度です。

「せっかくやるんだったら楽しくやろう」「一生懸命やろう」「期限より前に終わらせよう」「忙しいから適当にやろう」「今回は部下に任そう」など、多くの選択肢が考えられます。あるいは、「課長の期待に応えれば、評価されて昇格できるかもしれない」などと考えることもできるでしょう。

最初は、「課長から頼まれる仕事は嫌だ」というただ1つの選択肢しかないヴィクティムの状態でも仕方ないかもしれません。

しかし、できればアカウンタブルな状態になり、「課長から仕事を頼まれたけど、どういうふうに受けようか？」と**いくつもの選択肢を考えて、自分の意志でやり方を選べるように**なりたいものです。

そのままアカウンタビリティが高い状態を維持できれば、次に課長から仕事が来たときにも、すぐに仕事を受けられるようになるでしょう。

＼＼自分が変わると相手も変わる／／

あなたがそのように変わると、課長も次から仕事を頼みやすくなりますし、感謝の言葉をかけてくれるかもしれません。そうやって**お互いに良い影響を与えることがで**

きるようになり、互いに変わっていくのです。

そうなったとき、あなたは「課長は嫌な人だと思っていたけど、最近変わったな」と思うかもしれません。しかし、実はそうではありません。

選択肢を増やすことで自分の気持ちが変わり、あなた自身のその後の行動や、相手に対する感情がまず変わったのです。

そのように、**自分が変わると、相手も変わります**。自らのアカウンタビリティを高めることで、可能性をどんどん広げていきましょう。

まとめ

ヴィクティムな受け身状態から、自ら選択肢を増やして決定・実行するアカウンタビリティが高い状態へと変わっていこう。

とらえ方1つで状況は変えられる

「内なる自由は侵されない」

精神科医で心理学者のヴィクトール・E・フランクルが書いた『夜と霧』という本をご存じでしょうか？

フランクル氏は第二次世界大戦中にナチスの強制収容所に収容され、過酷極まりない強制労働を強いられ、いつガス室に送られるかわからないという極限の状態の中で数年間を過ごしました。

彼は収容所での毎日のできごとを冷静な視点で克明に記録し、過酷な環境の中で、囚人たちが何に絶望し、何に希望を見出したかをたんたんと書きつづっています。

彼の置かれていた状態では、希望という選択肢を増やすことはほとんど考えられない状況だと思われます。しかし彼は決して絶望することなく、それ以外の選択肢をなんとか見出し、自ら決断し続ける態度を貫きました。

フランクル氏は、自分が強制収容所に送られたという状況を、自分自身がどうとらえるのか、**自らのとらえ方の問題で状況を変えられる**と考え、「内なる自由は侵されない」と述べています。

人間の精神が収容所という特異な社会環境に反応するとき、ほんとうにこの強いられたあり方の影響をまぬがれることはできないのか、このような影響には屈するしかないのか、……（中略）……、収容所生活そのものが、人間にはほかのありようがあったことを示している。……（中略）……、最後に残された精神の自由、つまり周囲はどうあれ「わたし」を見失わなかった英雄的な人の例はポツポツと見受けられた。一見どうにもならない局面でも、やはりそういったことはあったのだ（『夜と霧 新版』ヴィクトール・E・フランクル著、池田香代子訳、みすず書房）。

この本を読むと、どんな過酷な状況でも、人間はアカウンタビリティを発揮することができると思わされます。

今の日本で生きる私たちが、ここまで極限の状況に置かれることは考えられませんが、どんな状況に直面したときでも、彼と同じようにとらえ方を変えることは可能なはずです。

今、私たちに起きていることをどう受け止めるのか、起きたことにどう対応するのか、それは、どんなときでも私たち次第です。 どの選択肢を選ぶかは、自分で決めるのですから。

まとめ

「内なる自由は侵されない」。どんな状況においてもとらえ方を変えることは可能。選択肢を選ぶのは自分。

アカウンタビリティとは「自責」のことではない

悪いことが起きたとき、自責になりすぎるのは危険

「電信柱が高いのも、郵便ポストが赤いのも社長の責任である」とは、経営コンサルタントの一倉定《いちくらさだむ》さんの言葉だそうです。私たち経営者は、会社で何が起こっても、すべて自分の責任だと思って行動しなさい、と言われてきました。

このように起こったことすべてが自分に責任があるという考え方を「**自責**」と言います。自責は、一般的には良いことだと考えられていますが、悪いことが起きたときでも、すべて自分のせいにしてしまう考え方であり、ともすると**自己否定や自己嫌悪につながりかねない危険性もあります。**

建設的な考え方であるアカウンタビリティは、自責とはまったく異なるものです。

アカウンタブル（アカウンタビリティが高まっている状態のこと）なあり方は、「自分に何ができるか」「ほかには何ができるか」と、**多くの選択肢を出した上で、結論を出すことに重きを置く考え方**です。

自らのアカウンタビリティの程度を測る

アカウンタブルな人とは、次のようなコミュニケーションを実践できる人だとも言えます。

- **人にリクエストできる**
- **「NO」と言える**
- **言いにくい相手に対しても意見を言える**
- **相手に自分からフィードバックを伝えられる**

・自分からフィードバックをもらいに行ける

こうしたコミュニケーションがとれているかどうかを考えることで、自分のアカウンタビリティがどの程度か測ることもできます。

先ほどの例で、課長に何か仕事を頼まれたときに、ただ嫌だという反応しかできないのはヴィクティムであり、そこに選択肢はありません。

そうではなく、仕事を頼まれたときに、たとえば「どういう気持ちで課長の仕事をやろうか」と考えていくつもの選択肢を自らつくる状態が、アカウンタブルな状態です。

まとめ

受け身だと選択肢がないが、自ら選択肢をいくつもつくれたら柔軟に対応できる。

組織全体にアカウンタビリティを浸透させる

／／組織のリーダーはアカウンタブルであることが大事／／

変化の激しい現代では、組織全体にアカウンタビリティを浸透させることが必要です。そのためには、まず組織のリーダーがアカウンタブルであることが、これまで以上に大事になってきます。

自分だけでなく、組織全体にアカウンタビリティを広げることができると、メンバー全員で選択肢を増やし続けられるようになります。

アカウンタブルな組織ができると、自分１人がアカウンタブルであるときより、何倍も良い結果が期待できるのです。

「私はいったいどうしたらいいんですか？」とあなたに聞いてくる部下がいませんか？　そういう部下は、ヴィクティムの意識が強いのです。

部下に「課長、私はこんなに頑張っているのに結果が出ません。いったい私はどうしたらいいんですか？」と聞かれると、あなたとしては「もうどうしようもないね」と答えるしかありません。部下が「ほかに何もやることがない」という前提で言っているからです。これは完全にヴィクティムです。

組織の中にヴィクティムの意識が強いメンバーが多いと、組織全体でのアカウンタビリティが低くなります。

ヴィクティムの意識が強い部下に対しては、コーチングをしながら本人の選択肢を増やしていくことで、少しずつアカウンタビリティを高めるよう育てていくのが正解です。

部下のアカウンタビリティが高くなってくると、このように聞いてきます。

「課長、私は今までこれをやって、あれをやってきました、そのほかにも私が思いつくことをしてきましたが、どれもうまくいきませんでした。ほかにも何か方法があるとは思うのですが、これ以上思いつかないのです。ほかに、どんなことができると思いますか？」

つまり、自分ではA、B、C……という選択肢を考えて実行してみたがうまくいかなかったので、選択肢を増やしてほしいという依頼です。この場合なら、あなたもアドバイスができるでしょう。

これがアカウンタビリティのある部下の態度です。

／／組織全体でのアカウンタビリティを高める／／

組織にアカウンタビリティが高いメンバーが増えると、上司と部下が協力して選択肢を増やし続けることができます。

部下が「この仕事を楽しくやるにはどうすればいいか？」とか、「誰と一緒にやればいいか？」など、いろいろな方向に選択肢を増やしたら、上司はさらに新たなヒントを与えます。

こうしたアカウンタブルな組織は、当然ながら活性化するのです。

コロナ禍や急激な為替の変動、生成ＡＩの登場、自然災害など、私たちの周りの環境はどんどん変わっていき、それに応じて組織も否応なく変化を求められています。それぞれの課題にどのように対処するのか、いくつもの選択肢を考え、そしてそれらの中からどれを選ぶかは私たちの自由です。

たとえ**どんな状況になっても、「周りの環境が変わったから仕方がない」と受け身になるのではなく、自分たちで多くの選択肢をつくって、その中からやることを決めて、前に進んでいくことが大切**です。

まとめ

上司と部下が協力して、選択肢を増やし続けられるアカウンタブルな組織は活性化する。

組織のアカウンタビリティを高める方法

／／ビジョンやミッション、バリューを共有／／

組織のアカウンタビリティを高めるために一番効果が高いのが、組織全体で「問い」を共有することです。その組織にいる全員が同じ「問い」を持ち、その問いについて共に考え続けることで、組織は強くなります。

組織内での「問い」の共有というのは、たとえば、会社の**ビジョン**や**ミッション**、**バリュー**を共有することです。

有名な例としては、ホテル経営のザ・リッツ・カールトンのクレドがあります。ちなみに「クレド」とは、企業のビジョンやミッション、バリューなどを具体的に行動指針に落としこんだものです。

ザ・リッツ・カールトンのクレドには、「紳士・淑女こそがもっとも大切な資源です」と書かれています。これが社員全員で共有している「問い」です。

社員1人ひとりが「自分は紳士・淑女の行動をしているか?」「紳士・淑女に求められる行動とはどんなものか?」「紳士・淑女であるためには、どういう言葉を使えばいいか?」「どういう態度をとればいいのか?」「どういう考え方でいればいいのか?」などの「問い」を立てて社員全員で共有することで、その問いについて常にみんなが考えるようになります。

これが「問い」の共有です。

社員1人ひとりが「問い」を考え続けることで、会社全体でのサービスの質が上がるのです。

／／私の会社のクレドカード／／

この章の最後に、一例として私の会社のＥＭＰ税理士法人で、どのように「問い」を共有しているのかについてもお伝えしておきます。

ＥＭＰ税理士法人では、社員全員が会社のビジョン・ミッション・バリューを１枚にまとめたクレドカードを持っています。また全員がビジョン、ミッション、そして16個のバリューを覚えています。

会社では毎日朝礼をする代わりに、クレドカードに書いてある16個のうちの１つのバリューについて、毎日ビジネスチャット上で話し合いをしています。

最初に私が１つのバリューについて思うことを書き、それを読んで社員が個々に思ったことをコメントで返信し、その１つひとつのコメントに対して私が返信します。

会社が大事にしている理念について全員に考えてもらうことで、会社のミッションやビジョンが全社員に浸透するような仕組みを地道につくってきたのです。この仕組みを「**デイリーラインナップ**」と呼んでいます。

このデイリーラインナップをはじめてから3年間は、最初の発信と1人ひとりの社員のコメントに対する返信は私自身がしていましたが、2年前からはこの仕事をマネージャーたちに引き継ぎました。今では、マネージャーが持ち回りで、最初の発信と社員1人ひとりのコメントに対する返信をしています。

このように**組織のメンバー全員で「問い」を共有し、日々の業務の中でそれらの「問い」について考える時間をとる**ことで、判断で迷ったときや困ったときには、知らず知らずのうちに会社のミッションやビジョンに沿って行動する……ようになってくれると思っています。

社員同士で互いの考え方を知ることができ、組織全体での選択肢を増やし続けることで、組織は活性化されます。

あなたも、まずは自分のチーム全員で「問い」を共有してみてください。

メンバー全員で、「自分たちはどんなチームになりたいか」という「問い」を立て、その「問い」についてメンバー全員で考えられるような仕組みをつくって実践してみてください。

きっと、あなたのチームは活性化し、チームの力が向上するでしょう。

まとめ

チーム全員で「問い」を共有すれば、チームは活性化し、チーム力も向上する。

〈事例〉「問い」を共有することで社員の反応が変わりました

■福岡　雅樹さん　税理士法人 Farrow Partners 代表

福岡さんは社員が15名の税理士法人の代表です。福岡さんの事務所では、3年前から社員に向けて経営計画発表会を行うようになりました。それをはじめてから、日頃の社員の反応が変わってきたそうです。

「経営計画発表会を行う前は、私がどんな考えを持って仕事をしているか、社員にどうなってほしいと思っているかが、社員にはまったく伝わっていませんでした。

しかし、経営計画発表会で会社のミッションやビジョン、私の考え方をみんなに伝える機会を持つようにしてからは、社員の1人ひとりに『会社のビジョンの実現のためにはどんなことをしようか？』という意識が芽生え、態度が変わってきました。

今では定期的な社内の進捗会議においても、社員から『私は、こんなことをやりたいと思います』という発言が増えていて、私自身も仕事がやりやすくなりました」

Column

会社のビジョンを社員も自分事に

先述のように、EMP税理士法人では全社員で「問い」を共有するために、デイリーラインナップを毎日行っています。このほか、月に一度はクレドの勉強会も行っています。

これらを業務の一環として行っているのは、全社員に会社のミッションやビジョン、バリューについて常に考える習慣をつけてほしいからです。

とはいっても、社員全員が積極的に参加してくれているわけではなく、特に入社したばかりの社員は、慣れるまでにとまどいを感じることがあるようです。

最近もこんなことがありました。

ある日、マネージャーの1人と話をしていたら、そのマネージャーがこんなことを言いました。

「社長、今度新しく入ったAさんはすごく仕事ができる人で、仕事も速いし正確だし、私もとても頼りにしています。でも、ちょっと心配なところがあるんです。

Aさんはものすごく熱心に仕事をしてくれるのですが、デイリーラインナップや、会社のクレドの勉強会にはそれほど積極的でないように見えます。私には、Aさんがクレドの大切さを理解してくれていないように感じられます。どうやったら、Aさんが会社のミッションやビジョン、バリューを自分事として考えてくれるようになるのでしょうか?」

それを聞いた私は、ニヤッとしながらこう言いました。

「大丈夫です。まったく心配することはありませんよ。なぜなら、あなたが今の言葉を言ってくれるようになるまでには、5年もかかりましたからね」

そう言いながらも、私はこのマネージャーが会社のビジョンやミッションを自分事として大事に考えていることに対して、非常に嬉しく思いました。今まで、しつこくやり続けてきて良かったと心から思いました。

また、EMP税理士法人では、毎年6月の第1金曜日に経営計画発表会を行っています。

最初の3年は社内のメンバーだけで行っていましたが、4年目からは社外にも公開しています。

2024年には、オンラインも含めると社外の人が100人くらい参加してくれました。

最初の3年は、全社のことだけでなく、部門ごとの業績も、今後の方針も、すべて私が1人で発表していました。出席していた社員たちも、「来賓はほとんど社長の知り合いだし、会社の行事だから参加しましょう」という感じで、どちらかというと受け身の態度に見えました。

2024年の発表会は、社外にも公開するようになって3回目の会でした。2年前に比べると、社外の参加者は5倍くらいに増えました。

私が全社での昨年の業績と今後の方針を話し、それぞれの部門については各部門の部門長が発表をしました。部門長たちのお客様や知り合いも来ますので、本人たちも良い意味でプレッシャーを感じていたようです。

部門長たちは、発表内容やコンテンツを早くから練り、お互いに意見を交換し、切磋琢磨して内容をブラッシュアップして発表してくれました。

　各部門長が発表するときには、業績発表のあとに自分が大切にしている会社のバリューと、そのバリューを大切にしている理由についても合わせて発表します。

　それを聞いていると、少しずつ組織としてのアカウンタビリティが高くなってきていると感じて、なんともありがたく思っています。

第7章

「フィードバック」を極める

フィードバックの目的とは

まずは組織全体でシェア

第7章ではフィードバックとはなんなのか、その目的と定義について解説します。アカウンタビリティが高い組織にするには、メンバー同士で互いにフィードバックができることが必要です。そのためには、フィードバックとはなんなのか？　その定義をまず組織のメンバー全員で共有しておく必要があります。

フィードバックがなんなのかを理解しないままフィードバックをしようとすると、コミュニケーションでの誤解が起こりがちだからです。

この章を読んで、ぜひフィードバックの定義をあなたの組織全体でシェアし、組織の力を高めてください。

フィードバックとは、今自分がどんな状態で、周りにどういう影響を与えているのかを周りから本人に伝えることです。

そして**フィードバックの目的は、フィードバックを受けた人が現在の自分の状態をより明確に把握し、理想の実現に向けて軌道修正をすること**です。

フィードバックがどんなものかを、飛行機のフライトプランを例に説明します。

飛行機には、それぞれのフライトプランがあります。フライトプランとは、その飛行機がどこからどこまで、どういうルートを飛行するのか、高度何メートルのところを飛ぶのか、どれくらいの燃料を使うかなどを事前に計画したものです。

こうしたフライトプランを、航空会社やパイロット、航空管制官などが共有することで、飛行機を安全に運航しています。

ほとんどの飛行機は予定通りの時間に出発し、予定通りの時間に目的地に到着します。しかしその道中では、**飛行機があらかじめ決められたフライトプラン通りに飛ぶ**

ことはあまりないそうです。

たとえば、嵐や雷雨などの悪天候が生じ、安全なルートを選ぶために迂回せざるをえなかったり、燃料の消費を最適化するため、風向きや風速に合わせて経路を調整したりすることがあります。あるいは着陸予定の空港の滑走路がいっぱいで、しばらく上空で旋回することもあります。このように、フライトプランはそのときどきの状況に応じてどんどん変わっていきます。

飛行機が予定通り運航できる理由

では、どうしてフライトプランが刻々と変わるにもかかわらず、飛行機は予定通りの時間に目的地に着けるのでしょうか？

飛行機が予定通りに目的地に到着できるのは、**関係者全員が「飛行機を時間通りに、安全に目的地に到着させる」という共通の目的を持ち、それを実現するために適切なフィードバックを行っているから**です。

たとえば、「このままの高度で飛ぶと燃料が保たないだろう」とか、「今は空港の上空が渋滞しているので、しばらくの間は着陸できそうにない」など、飛行機が飛んでいる間は、ずっとそのときどきの状況についてフィードバックが行われています。

フィードバックを受けとった飛行機の乗務員は、「それでは、もう少し高度を上げよう」とか、「少しルートを変えよう」などと適切に対応します。

「高度が低すぎる」「高すぎる」といったフィードバックは単なる情報にすぎません。それを受けとった飛行機側で考えうる選択肢をいくつもつくって、その中のどれを選ぶかを判断します。**「フィードバックは目的を達成するために必要な情報だ」と関わっている人全員が考えているので、目的を達成できる**のです。

私たちも同じように、フィードバックを受けることで現在の自分の状態をより明確に把握し、理想の実現に向けて軌道修正ができる、とまずは認識しましょう。

まとめ

関係者全員で共通の目標を持ち、それを実現するためのフィードバックを行えば、現状を把握でき、行動の軌道修正ができる。

フィードバックの種類と伝え方

＼＼意識して使い分けたいフィードバック＼＼

フィードバックの種類には2つあります。

「客観的フィードバック」と**「主観的フィードバック」**です。

客観的フィードバックは、見えていること、聞こえていること、触れていることなどの**「客観的事実」をフィードバックすること**です。

一方、主観的フィードバックとは、相手を見たり、相手の話を聞いたり、相手に触れたりしたときに、自分が感じた**「主観的事実」をフィードバックすること**です。

たとえば、「アンケートで顧客満足度が先月より15％上がりましたね」というフィードバックは、客観的フィードバックです。

それに対して、「顧客満足度が上がって良かったです。みなさんのやる気が伝わってきます」というフィードバックは、主観的フィードバックです。

フィードバックの伝え方

2種類のフィードバックには、それぞれに特有の伝え方があります。伝える際の主語が「あなた（相手）」になる**YOUメッセージ**と、主語が「私」になる**Iメッセージ**です。

①YOUメッセージ

YOUメッセージでは、「あなたは～です」のように、相手を主語にして、見えている、または聞こえている事実を相手にそのまま返します。

客観的フィードバックとして使うのに適しています。

YOUメッセージを使うときは「見たまま、聞こえたまま」を記述的に伝えることがポイントです。特に具体的な数字を入れると、より客観的に相手に伝えられます。

「ここまで5分間ずっと話されていましたね」
「三度も『辛い』という言葉が出てきました」
「アンケートで、顧客満足度が先月より15%上がりましたね」

といった使い方をします。

② Iメッセージ

Iメッセージでは、「私は〜と感じました」などと自分を主語にして、相手とのコミュニケーションを通して自分が見て、聞いて、感じた事実を伝えます。

主に主観的フィードバックのときに用いられます。

(i) 自分の内側(内面)で感じていることを伝える

Iメッセージでは、「私は〜だと感じました」というように、あくまでも「自分の責任」を明確にした上で自分の感じたことを伝えます。たとえばこんな言い方です。

「私はそのプロジェクトに不安を感じています」

この場合は、本当かどうかわからないけれど、「私にはこう感じられます」と**自分の責任を明確にして伝えています。**

(ii) 相手が言語化していない部分から伝わってくるものについて伝える

たとえば、こんな言い方です。

「あなたの話しぶりでは、もうすでに答えは決まっているように聞こえます」

相手が言葉以外で発している雰囲気などをフィードバックすることは、**相手にとって大きな気づきになります。**

＼＼どちらの伝え方が相手の心に響く？＼＼

このように、Ｉメッセージでは「私はこのように感じました」、Ｙｏｕメッセージでは「あなたはこうです」と伝えます。そのためか、Ｉメッセージは自分の感想なので伝えやすいけれども、Ｙｏｕメッセージは相手を評価をしているようで伝えにくい、と感じるケースも多くあり、フィードバックをするときはＹｏｕメッセージを使わず、Ｉメッセージを使おうとする人が少なくありません。

しかし、**相手にしっかりと刺さるのはＹｏｕメッセージ**のほうです。

Ｉメッセージを使うと、相手から「あなたがそう思っているだけでしょう。私は、そう思いません」と受けとられる余地があるため、相手の心に響きにくいのです。

一方でＹｏｕメッセージを使うと、「どうして、あなたにそんなことを言わなければならないのですか？」と相手が傷ついたり、腹を立てたりすることがあります。

しかし、**相手とラポール（信頼関係）がしっかり築けていれば、コミュニケーションが破綻するようなことはありません。**そうした状態ではYouメッセージのほうが相手にしっかりと届くので、相手の行動の変容につながりやすくなります。

Iメッセージとyouメッセージ、主観的フィードバックと客観的フィードバックは、臨機応変に使い分けましょう。

まとめ

「Iメッセージ」と「Youメッセージ」を効果的に使い分ける。

フィードバックを機能させる9つのポイント

＼＼ これを守ればフィードバックが機能する ／／

フィードバックを機能させるために守るべき9つのポイントがありますので、以下に紹介しましょう。

①フィードバックの目的が相手と共有されている
②相手が必要性を感じている
③適切なタイミングである
④行動の変化が可能である

⑤フィードバックが強制ではない
⑥選択権は相手にある
⑦伝わっているかどうかを確認する
⑧時制に注意する
⑨サンドイッチ法を使う

それぞれ、簡単に説明していきます。

＼＼ ①フィードバックの目的が相手と共有されている ＼＼

なんのためにフィードバックをするのか目的がはっきりしており、その目的がフィードバックを受ける相手と共有されていないと、フィードバックは機能しません。目的が共有されていないと、自分はフィードバックをしているつもりでも、単なる文句を言われているように相手が感じたり、個人攻撃をされていると受けとられる場合があります。

②相手が必要性を感じていること

フィードバックが機能するためには、フィードバックの必要性を相手が感じていることが重要です。そうでないと、フィードバックが単なる文句や個人攻撃だと受けとられかねません。

本来はフィードバックについて組織全体で学び、フィードバックを受ける部下が上司にフィードバックをリクエストして、それに応じて上司からフィードバックを行うのが理想です。

しかし、そういう組織は多くありません。部下からリクエストがない場合には、上司はいきなりフィードバックをするのではなく、以下のように、**まず部下に許可をとってからフィードバックを伝え、最後に確認しましょう。**

許可をとらずにフィードバックを伝えると、文句や評価と受けとられかねないので注意が必要です。

(例)
上司「田中さん、あなたのお客様への説明で気になったことがあるんだけれど、伝えていいですか?」
部下「はい。どんなことでしょうか?」
上司「田中さんは製品のすべての機能を説明していましたが、説明するのはお客様が必要としている機能だけに絞ったほうがいいと思います。田中さんは、どう思いますか?」

③適切なタイミングである

フィードバックをする目的は、フィードバックを受けた相手が行動を変えることなので、**必ず、相手が行動を変えられるタイミングで伝える**ようにします。

たとえば上司が部下に「あなたは、2年前にこんなことをしていたね。あの場合はこうしたほうが良かった」と伝えたところで、部下は「そんな昔のこと覚えていません。今さらそんなことを言われても……」と思うだけで、行動の変化にはつながりません。

④行動の変化が可能である

フィードバックは、**それを受けた相手が変えられる物事に対してだけ行う**ようにしましょう。

たとえば、「何か新しいやり方を試してみたらどうですか?」と言われれば、部下はどんなことができそうかを考えて、試してみることができます。

しかし、「あなたが今より10歳若ければ、この仕事を頼みたいのですが」と言われたらどうでしょう?「そんなことを言われても、どうしようもありませんが……」となってしまいますね。

⑤フィードバックが強制ではない

フィードバックは指示や命令ではないので、強制ではありません。**フィードバックをどう受け止め、どう判断し、どのように次の行動につなげていくかは、フィードバックを受けた側が決めること**です。

ここをしっかりと理解していないと、「部下が自分の言うことを聞かない」と上司が腹を立てたり、「やる必要はないと思うけれども、上司に言われたからやらなければいけない」などと部下が誤解する可能性があります。

⑥選択権は相手にある

くり返しますが、フィードバックをどう受け止め、どう判断し、どのように次の行動につなげていくかは、フィードバックを受けとった相手が決めることです。そのため、「課長、フィードバックをしていただいてありがとうございました。でも、私はそれはやりません」という反応もありえます。

上司などのフィードバックを伝える人は、あらかじめこの点をしっかりと理解しておくことが重要です。

上司がフィードバックと指示・命令を混同していると、「なぜ、部下は私が言ったことをやらないのか⁉」と怒ることになりかねません。上司も部下も、「これはフィードバックだ」「これは命令だ」ときちんと理解して、使い分ける必要があります。

⑦相手に伝わっているかどうかを確認する

フィードバックをしたときには、**相手に伝わっているかどうかを確認すること**が非常に大切です。相手が自分の意図したことを理解しているかどうか、それによって相手が次の行動を起こせるかだけではなく、そもそも相手にフィードバックが聞こえていたのかまできちんと確認しましょう。

そこを確認しないままでは、相手の行動がまったく変わらないかもしれません。

フィードバックを伝えたあとに、「ここまでに私が言ったことは伝わりましたか？」と必ず相手に確認します。そう聞かれることで、フィードバックを受けた相手も安心して、「ちょっと、ここがわかりませんでした」とか、「周りがうるさくて聞こえませんでした」などと言いやすくなります。

⑧時制に注意する

フィードバックは時制を考えつつ行うことが必要です。

時制という言葉では少しわかりにくいので、例で説明しましょう。

ある会議の中で、鈴木さんがほかの人の発言を聞かずに、自分の意見を押し通しました。

これに対して、同じ会議に出ていた田中さんが、「鈴木さんは先ほどの会議で、ほかの人の発言を無視して自分の意見を押し通しました。これからも同じやり方で進められるのではないかと思うと、今、私はとても不安です」とフィードバックをしたとします。

まず、「鈴木さんが会議でほかの人の発言を無視して自分の意見を押し通した」ことは事実です。「これからも同じやり方で進められるのではないかと思うと、今、私はとても不安です」は、田中さんの今の感情です。

このように、**発言の中に過去の事実と現在の自分の感情など複数の要素が入っている場合には、例にある田中さんの発言のように、これらを区別して相手に伝えないと、相手は適切に行動を改善できません。**

たとえば、田中さんが「鈴木さんは人の話を聞かないので、私はとても不安になります」とフィードバックをしたとしたら、鈴木さんは「何を言っているんだ。私はいつも人の話をちゃんと聞いている」と反発したくなるでしょう。

一方で、「先ほどの会議で、ほかの人の発言を無視して自分の意見を押し通しました」と事実は事実として伝えれば、鈴木さんも「あのときは、確かにそうだったかもしれない」と納得しやすくなります。「実は、あれにはこういう理由があったんです」などと、そのときの状況を説明することもできるので、フィードバックを受けとりやすくなるのです。

このように、**フィードバックをするときには、「あれは過去の事実」「これは現在の**

自分の感情」などと、時制をはっきり区別して伝えます。またそれにより、事実と自分の感情についても、きちんと区別して伝えやすくなるでしょう。

⑨サンドイッチ法を使う

フィードバックを「する側」が慣れていないと、相手にとって耳の痛いことは伝えづらい、と思うことがあります。

同様に、フィードバックを「受ける側」が慣れていないと、フィードバックをされたときに「良い／悪い」の評価をされたように感じることがあります。

いずれにせよ、相手が受けとりにくいフィードバックを伝えるときに、うまく伝えるためのテクニックが「**サンドイッチ法**」です。

具体的には、**まずいったん相手を褒めて、そのあとに改善するポイントを伝え、最後にもう一度褒める、という手法**です。そうやって伝えると、相手がフィードバックを受けとりやすいのです。

コミュニケーションにおけるちょっとしたテクニックですが、フィードバックに慣れていない人の場合は、こういったテクニックを使うことも効果的でしょう。

（例）

「田中さん、今日のプレゼンはわかりやすくて良かったです《褒め》。ただ、2枚目の資料については説明が少し長すぎるように感じたので、もっと簡潔にしたほうが伝わりやすい《改善ポイント》と思いました。とはいえ、全体のプレゼンはとても良かったです《褒め》」

まとめ

コミュニケーションにおけるちょっとしたテクニックをとりいれるだけで、相手がフィードバックを受けとりやすくなる。

耳の痛いフィードバックを プラスに活かすには

悪いことは聞きたくないのが本音だけれど……

私たちはフィードバックを受けとったとき、無意識に良いことを言われたのか、悪いことを言われたのか、どちらなのかを判断してしまいます。そして、多くの人にとっては、耳の痛いことは聞きたくないというのが本音ではないでしょうか。

しかし、本来の「**フィードバックの目的**」**は、現在の自分の状態をより明確に把握し、理想の実現に向けて軌道修正すること**です。そのためには**フィードバックをよく聞いて、必要であれば自分の行動を変えなければならない**のです。

人から受けたフィードバックを、自分にとって意味のあるものにするには、それらのフィードバックを「これから、自分はどうしたらいいか？」を考えるときに、**選択肢を増やす手段の1つとして活用する**ことがおすすめです。

そのように考えれば、耳の痛い内容のフィードバックでも、素直に聞ける可能性が高まります。

ぜひ、自分の組織やチームの中でフィードバックの定義を共有し、お互いに気がねなくフィードバックができる文化を育て、組織の力を上げていきましょう！

まとめ

耳の痛いフィードバックも「目的に向けて選択肢を増やす手段の1つ」としてとらえると、素直に聞けるかも!?

人事評価制度はフィードバックを前提に設計

評価基準がわからないとモチベーションは上がらない

コーチングと直接的には関係ないかもしれませんが、企業で働いていると、避けて通れないのが「人事評価」です。

しかし、この「評価」という表現がくせものです。

評価というと、「上司が部下に点数をつける」ようなニュアンスが感じられます。

実際、9割以上の方は勘違いしていて、上司と部下は「評価する／される」関係だと考えて、運用がなされているようです。

しかし、実は**人事評価制度は「評価する」のではなく、本章で述べてきた「フィー**

ドバック」により運用すべきものだと私は思っています。

というのも、上司が何の根拠もなく思いつきや単なる主観で部下の評価をすると、絶対にうまくいかないからです。

部下はどういう基準で自分の評価がこの点数になったのか、どういう考え方のもとで自分の給与がこの金額になったのか、まったくわからないケースが多いでしょう。

ただ、そういう状況にある部下には、昇給や昇格をあきらめて何もしないか、あるいは上司に媚《こ》びへつらって昇進・昇格を目指すかのどちらかの選択肢しかなくなります。

フィードバックは部下育成にも活かせる

会社として、昇給や昇進、昇格に関する明確な基準はあってしかるべきです。

残念ながら基準が明確ではない会社も少なくありませんが、上司がその基準に基づいてフィードバックを行い、対象期間中に部下ができていた点、改善を要する点について具体的にフィードバックを行うことができれば、部下は次に何をすれば良いのかがわかり、上司のフィードバックを受け入れやすくなります。

つまり、**フィードバックを機能させる前提で人事評価制度が設計されていると、フィードバックの機会も増えますし、部下の能力開発や育成にも活かせる**、というわけです。

本書ではコーチングのスキルについて解説するのが主眼なので、これ以上、人事制度については深入りしませんが、評価についてもフィードバックをはじめとするコーチングの要素を入れていくことで、組織の力を効率的に引き上げられることを本章の最後に指摘しておきます。

まとめ

人事評価においてもコーチングの要素は効果的。とりいれることで組織力アップが期待できる。

第8章

コーチングのプロセスを知る

コーチングの6つのプロセス

コーチングには順番がある

前章まで、「質問」や「フィードバック」などコーチングにおける重要なスキルについて解説してきました。

第8章では、上司が部下をコーチングする状況を想定して、どんな順序（プロセス）でコーチングを進めれば良いかを解説しましょう。

これは、私が自社で社員に対してコーチングをするときに、実際に行っているプロセスでもあります。みなさんが上司として部下に1 on 1ミーティングをする際にも、活用していただけるのではないかと思います。

コーチングセッションのプロセス

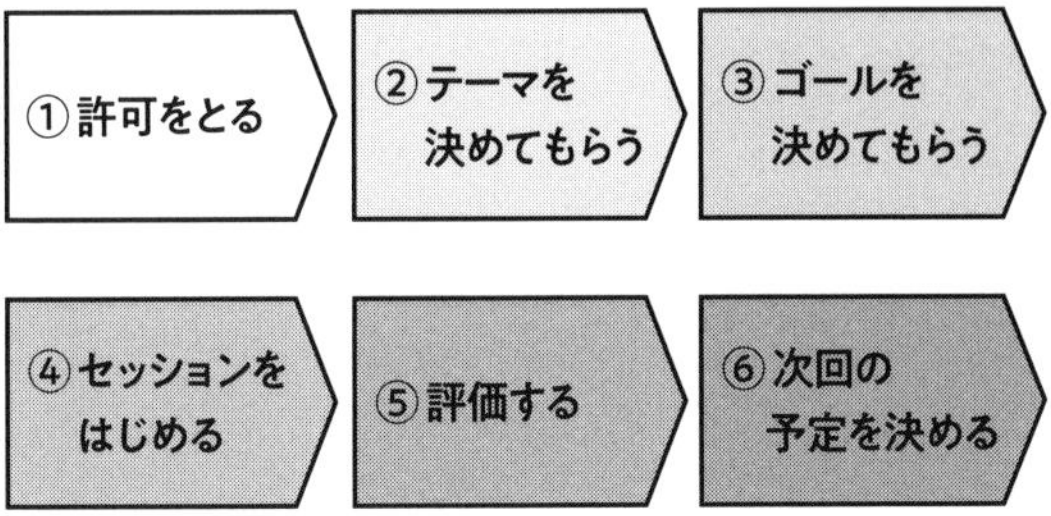
①許可をとる
②テーマを決めてもらう
③ゴールを決めてもらう
④セッションをはじめる
⑤評価する
⑥次回の予定を決める

コーチングは、以下の流れで行います。

①許可をとる
②テーマを決めてもらう
③ゴールを決めてもらう
④セッションをはじめる
⑤評価する
⑥次回の予定を決める

順番に行うことで、よりコーチングの効果を得られるでしょう。

まとめ

コーチングはプロセスに沿って行うと効果的。

プロセス① 許可をとる

／／自分と相手の頭をコーチングモードに切り替える／／

最初に、コーチングをすることに対して、必ず相手の許可をとりましょう。

まずは「今からコーチングをはじめます」と部下（クライアント）に伝えます。そうすることで、自分の頭もコーチングのモードに切り替えられます。

また、相手（部下）にも明白に「今からコーチングをします」と伝えることで、「今からするのはコーチングなんだ。私に何かを教えるとか、アドバイスをするのではないんだな」と部下側も理解できます。

よくある失敗パターンとして、コーチング（あるいは1on1ミーティング）の時間と言っているにもかかわらず、いつのまにか上司が部下に説教をする時間になってしまい、しかもその時間の8割くらいを上司が話している、という状況があります。

そうならないためにも、上司が「今からコーチングをします」とセッションの最初に言うことで、「これは、私が部下へ説教やアドバイスをする時間ではなく、コーチングをする時間だ」と自分自身で認識し直すことができます。

部下も、上司とのミーティングの時間は文句を言われるか、怒られる時間だと思っている場合があります。そうした**部下に対しても、「今からやるのはコーチングです」と相手がわかるようにはっきりと伝えて、相手の合意をとる**ことで、叱られたり怒られたりする時間ではないと明示できます。

これが、許可をとるということです。

まとめ

説教の時間にしないためにも、上司は部下の前で「今からコーチングをします」とセッションの最初に宣言する。

プロセス② テーマを決めてもらう

部下が話したい内容をまずは聞く

コーチングの時間は、**部下のための時間**です。上司が指示や命令をする時間ではありません。

話すテーマも部下が話したいことです。上司から部下に対して、「最近、この案件はどうなっている?」とか、「あの案件についてちょっと聞きたいんだけど」などと報告を受ける場ではありません。

くどいようですが、コーチの立場である上司が、なんらかの目的を持って部下に話をさせるのはコーチングではありません。それは単なる報告の場です。

コーチングを行うときには、部下がその時間に話したい内容や相談したいことがなんなのかをまず聞きましょう。

1on1ミーティングにコーチングを活用するときは、目標管理シートなどに即して話をするなど、あらかじめテーマが決められている場合もあるかもしれません。その場合は、目標管理シートに書いてあることについて話しましょう。

ただしその場合でも、部下が「今日のテーマは目標管理シートについて話すことだ」と、しっかりと認識をした上でコーチングをはじめる必要があります。

話すテーマについて上司が主導するのではなく、部下自身に「今日は、目標管理シートの内容について話をします」と言ってもらうようにするのがおすすめです。

コーチングに慣れていない部下が相手のとき

部下の中には、コーチングに慣れていない人もいます。そういう部下は「コーチングでは上司が何かしゃべってくれるだろう」と思っているかもしれません。

本来、**コーチングを受けるときにはクライアント（部下）側がテーマを持ってこなければいけないの**ですが、慣れていない部下とコーチングをするときには、上司が少し誘導する必要があるでしょう。

とはいっても、「今日はこの件で話をします」と上司から指示をするのではなく、「今日、特にテーマがないのであれば、○○についての話をしようと思うけれど、あなたはどう思う？」と必ず提案するようにします。

提案に対する部下の反応を見て、大丈夫そうであれば、そのテーマで話をしてもらいます。いまひとつしっくりきていなそうであれば、別のテーマを提案してみましょう。

コーチングを何回か続けるうちに部下も慣れてきて、「コーチングの場では、毎回自分が話したいテーマについて話をするから、事前にテーマを考えておかなければいけないんだ」と気がつきます。

毎回のコーチングで目標管理シートについて話をするのであれば、部下は事前に目標管理シートに記入してから、コーチングにのぞむようになります。

くり返しになりますが、**部下には「今からはコーチングの時間だ」と理解してもらうよう習慣づける必要があります。**

そのためにも、「コーチングはあなたの今後について考える大事な時間です。だから、ここで話すテーマはその場で適当に考えて話すのではなく、『今度はこのテーマで話をしよう』と事前に準備をしてきてほしい」とあらかじめ伝えておきましょう。

このようにして、部下がコーチングに慣れるように少しずつ教育していきます。

まとめ

上司は、部下が自らテーマを持ってコーチングにのぞめるように導いていく。

プロセス③　ゴールを決めてもらう

＼＼ 上司がすべきなのは部下に気づかせること ＼＼

テーマを決めたら、次はゴールです。部下にこのコーチングのセッションにおけるゴールを決めてもらいましょう。

テーマとゴールは2つでセットです。また、ゴールを決めておくのはとても大事なことです。

というのも、その日のテーマが明確になっただけでは、そのテーマについて話をしたあと、どういう状況になったら今回のコーチングが相手にとって満足のいくものになるかがわからないからです。

このときに**注意しないといけないのが、決まったテーマに沿って、上司が無意識に頭の中でゴールを決めてしまうこと**です。

たとえば、部下が示したテーマが「今月の売上が伸びなくて悩んでいる」であるときに、「今月の売上目標を達成するには、何をやればいいのか、その手段をいくつか見つけることがこのテーマのゴールだ」と上司が勝手に思いこみがちなのです。

そうすると、そのあとは「目標を達成するために、どんなことをすればいいだろうか？」などと質問して、部下のすべきことを上司が具体的に決めてしまいます。

しかし、部下が悩んでいる本当の原因は、実は売上が伸び悩んでいることではなく、すでに売上目標を達成している同僚と自分を比べてしまい、自分はダメだと思いこんで自己肯定感が下がり、落ちこんでいるところにある場合もあります。

そのことに部下自身が気がついていないこともあります。なんとなく「同期のあいつはすごいな。それにひきかえ自分はダメだ」とぼんやり感じているだけです。

最悪の場合は、「理由はよくわからないけれど、最近落ちこんでいるんです」ということもあります。

そのような状態にある部下には、他人と自分を比較して落ちこんでいるのだということを、本人に気づかせることが必要です。本当は何を話したいのか、どんなことを話したらすっきりするのか、部下に自分で考えさせることが大切です。

コーチングセッションの１時間が終わったあとに、どういう状態になっていたら１時間を有意義に使えたと思えるのか、部下に自分で気づいてもらいましょう。

／／どうなっていたら良かったと思えるか／／

なお、部下がコーチングに慣れていない場合は、部下自身にもゴールがはっきりわからないことが多いです。

私の場合、そうした**コーチングに慣れていない部下には、「今日のゴールはなんですか？」と聞くのではなく、このコーチングを受けたあとに、どうなっていたら嬉しいかを聞いて、それをゴールとして設定する**ことが多いです。

具体的には「これから、あなたが選んだこのテーマについて話をしてもらいます。

1時間後にどうなっていたら、このコーチングを受けて良かったと思えますか？」と聞きます。

ゴールが違うと、当然ながら次の行動も違ってきます。

売上目標を達成するのがゴールであれば、「毎日3件のアポイントをとって、お客様と会うこと」が行動目標になるかもしれません。

しかし、同僚と自分を比べなくなることがゴールなのであれば、「自分をかわいがってくれたおじいちゃんの仏壇に毎朝手を合わせて、人と自分を比べないと誓うこと」が次の行動になるかもしれません。

どんなゴールでもかまわないこと、そして上司が勝手にゴールを決めるのではないことを、改めて認識しておいてください。

まとめ

ゴールは部下が決めること。上司は、部下がこなすべきプロセスを無意識に奪わないように気をつける。

プロセス④　セッションをはじめる

＼＼コーチは聞き役、サポート役に徹する／／

コーチングのセッションをはじめたら、相手の話をよく聞いて、必要に応じて質問やフィードバックを行いつつセッションを進めていきます。このとき、**部下が話している割合が8割以上になるように、コーチである上司は聞き役に徹します。**

上司が部下に目標管理シートを使ってコーチングをするときのことを考えてみます。たとえば半年ごとに一度、目標管理シートを作成し、毎月のコーチングではそれに書かれた内容をテーマにするとします。

セッションではテーマとゴールを確認したあとで、上司は部下に「この1ヶ月、仕事を進めてみてどうでしたか？」と過去1ヶ月間を振り返ってもらいます。そして、そこに書かれた内容をもとに、「さらに仕事をうまく進めるためにはどうしたらいいか」とか、「今どのような問題があって、それを解決するためにはどうしたらいいか」といったことについて部下に話をしてもらいます。このときに大事なのは、**今後の行動について決める際には、上司が決めるのではなく、必ず部下が考えて決める**ことです。上司がすべきことは、部下が今後の行動を決めるサポートをすることです。

／／テーマやゴールが途中で変わるのはよくあること／／

セッションの最中に注意しておくことがもう1つあります。最初に決めたテーマとゴールが、セッションの途中で変わる可能性がある、と知っておくことです。

部下が話をしているうちに、どんどん話が違う方向にそれていくことがあります。話がそれることが悪いわけではありません。ただ、**部下の話が最初のテーマからがそれたと思ったときは、上司はテーマとゴールを再確認する必要があります。**

たとえば売上を上げるための方法を見つけたい、というのがもともとのゴールでしたが、部下の話を聞いているうちに、どうも部下が本人の成績を同僚と比べてしまい、それによって落ちこんで悩んでいるのではないか、上司が感じたとします。

その場合、「今、話を聞いていると、売上を上げたいというよりも、営業の成績を同僚と比べて落ちこんで悩んでいるように聞こえます。そのテーマで話をしたほうがいいかと思いますが、どうですか?」と聞いてみます。

このように、部下の話の流れがもとのテーマと変わってきていて、ゴールを変更したほうがいいと上司が感じたら、それを部下に確認するようにします。その結果、「いや、それは僕はあまりたいしたことじゃないと思っています。だからやっぱり売上を上げる方法について考えたいです」と部下が言ったら、もとのゴールで話を続けます。

しかし「確かに、今日のテーマは売上のことではなく、同僚と比べて自己肯定感が下がることです」などと部下が言ったときは、テーマを変えて、新たなゴールを確認するようにして対応しましょう。

まとめ

部下の話を聞きながら、必要に応じてテーマやゴールを途中で変えても問題はない。

プロセス⑤　評価する

最初に決めたゴールにたどり着かなくても大丈夫

コーチングに慣れていないうちは、テーマとゴールを決めると、絶対にそのゴールまで制限時間内にたどり着かなければ、そのコーチングは失敗だと考える人がいます。

しかし、**うまくいったかどうかも、コーチングを受けた部下が決めること**です。

たとえば、売上を上げる方法を10個見つけるというのが最初に決めたそのセッションのゴールだったとします。上司は必死になって、「売上を上げる手段を10個探さなければならない」と思ってコーチングを進めています。

ところが、終了の時間が近づいてきたのにまだ3個しかアイデアが出てきていないとなれば、「もう時間がない、どうしよう」とあせってしまうかもしれません。

しかし時間内に、最初に設定したゴールを達成する10の手段を、何がなんでも考え出さなければいけないわけではありません。

話を続けるうちに、部下が「自分の悩みは、実は売上を上げられないことではない。同僚と比べてしまい、自己肯定感が下がっていることが問題だ」と気づいたなら、それだけでも部下は満足します。真の問題に気づけたことで、部下が同僚と比べない方法を考え、今後その方法を試してみることで仕事も楽しくできるようになり、結果的に売上も上がるかもしれません。

くり返しになりますが、コーチングがうまくいったかどうかを決めるのは部下です。時間内にゴールまでたどり着かなかったと、上司が気にする必要はありません。

最後に気づきを確認

1時間のセッションであれば、45分~50分くらいのところで、それまでにどんな気づきがあったかを確認してもらうための時間をとりましょう。それが「**評価（エバリュエーション）**」です。

上司は部下に「ここまで約1時間話してみて、気づいたこと、感じたことを話してみてください」と伝えます。

このプロセスはとても重要です。**部下は、今日気づいたことを改めて言葉にして話してみることで、気づきを自覚し、その後の行動につなげることができます。**

これが評価の目的です。

まとめ

部下が気づきを自覚し、その後の行動につなげることができれば、それでOK。

プロセス⑥　次回の予定を決める

／／セッション終了後に出す「大人の宿題」／／

部下がセッションの中で気づいたことを言い終えたら、「これで終了します」と言ってセッションを終了しましょう。そして次回の日程を決めます。

そのときにもう１つ、部下に決めてもらうことがあります。それが「**大人の宿題**」です。

大人の宿題とは、**コーチングを終えたあと、次回までに自分が何をするかを決めることです**（「大人の宿題」という言葉は、経営コンサルタントの和仁達也先生に教えてもらった表現です。とても良い言葉なので、いつも使わせていただいています）。

大人の宿題は、上司から提案することもあります。本来であれば、部下から「来月のコーチングまでにこういうことをします」と言うべきですが、コーチングに慣れていない部下は、なかなかそこまで言ってくれません。

そのため、慣れていない部下の場合には、上司が「こういうことをやってみたらどうか？」と提案するほうが良いでしょう。提案したあとには、必ずそれでいいかどうか部下に確認をとります。

定期的なリマインドを忘れない

部下が上司と「来月までにこんなことを実行します」と決めたあと、部下が実際にその大人の宿題を遂行する確率を高めるためには、上司からの定期的なリマインドが効果的です。

コーチングを終えるときに、「来週ぐらいに進捗を確認するね」とひと言伝えるだけです。

そうやって確認されることがわかっていると、部下も「やらなければ」と思うでしょう。事前に言っておいた上で、次の週に「あの件、どうなった？　今どんな状況？」などと聞いてあげると、部下も「あ、課長が来週に聞くって言っていたな」と覚えていて、「今、こんな状態です」と答えてくれるでしょう。

私の場合は、コーチングのクライアントや部下に対して約束したことを忘れないために、タスク管理ソフトに「○○さんに△△の件でリマインドする」というタスクを必ず入れています。そうすることでリマインドすることを忘れずに済みます。こういう仕組みをつくっておくことも、上司には有効だと思います。

そうやって定期的にリマインドをすることで、「課長も忙しいのに、私との約束を覚えてくれているんだ」と部下から思ってもらえ、あなたへの信頼感が増します。

まとめ

リマインドは、部下に「やらなければ」と思ってもらえ、さらには信頼もしてもらえる一石二鳥な方法。

プロのクライアントを目指して教育

／／コーチングの方法やスタイルはいろいろ／／

ここまで、コーチングのプロセスについて解説してきました。この流れで行うことで、スムーズにコーチングを進めることができます。何度も練習して、ぜひ自分のものにしてください。

この章の最後に、コーチングを行うときにもっとも大切なことについてお伝えします。

コーチングは、ほとんどの人にとって「今まで体験したことのないもの」です。またコーチングには流派がたくさんあり、コーチングがどうあるべきか、についての世界共通の考え方もありません。

とはいえ「**クライアントに成果が出ればそれで良い**」**という点はおおむね共通しているの**で、どんな方法やスタイルが適しているかは、結局はクライアントごとに異なります。

部下もプロになってもらえるように

そういう意味でも、コーチとなる上司は、自分のコーチングの型がどういうものか、クライアントとして部下にどういうスタンスでセッションにのぞんでほしいのかを、事前に部下にしっかり伝えておかなければなりません。

また、テーマやゴール、セッション、フィードバックなど、コーチングに特有な言葉がそれぞれどういう意味なのか、コーチングの目的は何か、効果がどんなものかなど、その定義を部下と共有しておく必要もあります。

そうすることで、たとえばテーマやゴールを事前に設定するのとしないのとでは、コーチングによって得られる成果が大きく変わることも理解できますし、部下自身が納得してコーチングを受けられます。

部下も「プロのクライアント」になってもらえるように、機会があるごとにコーチングについて教育していくことが大切です。

まとめ

部下が納得してコーチングを受けられるように、上司は型や目的、効果などを、事前に部下へとしっかり伝え、育てていく。

巻末付録　PCCマーカー

コーチングの倫理規定とコア・コンピテンシー

▼コーチングを行う人たちの支援団体「国際コーチング連盟」

最後に巻末付録として、PCCマーカーについて解説しておきましょう。少しテクニカルな話になりますが、とても大切なことなので参考にして、ぜひみなさんのコーチングスキルの向上に役立ててください。

コーチングに関して世界で最も権威のある団体の1つが**「国際コーチング連盟」**です。資格制度の制定、コーチングにおける倫理規定やコア・コンピテンシーの策定などを行っています。

国際コーチング連盟の倫理規定では、誠実さ、機密保持、クライアントの尊重、公正な行動といったコーチとしてのあり方や、行動指針、倫理原則、倫理基準を定めています。

コア・コンピテンシーとは、効果的にコーチングを行うために必要な行動やスキルを体系化したものです。このコア・コンピテンシーを具体的に評価するための詳細な基準を定めたものが**「PCCマーカー」**で、わかりやすく言うと「コーチングを行うときにはこれを守ってください」という項目の一覧表です。

■国際コーチング連盟のPCCマーカー

https://icfjapan.com/wp2018/wp-content/uploads/PCC_Markers_2021_ICFJ.pdf

※次ページ以降のPCCマーカーの解説では、解説部以外の各マーカーの表現について右のURLから引用して利用しています。

PCCマーカーの上位概念として、コーチとしてどうあるべきかについて定めた**倫理規定**や**コア・コンピテンシー**があります。コーチングが単なるテクニックになってしまわないためにも、ぜひ国際コーチング連盟の倫理基準やコア・コンピテンシーについて知っておいてください。

■国際コーチング連盟の倫理規定

https://icfjapan.com/icf-code-of-ethics

■国際コーチング連盟のコア・コンピテンシー

https://icfjapan.com/competency

ＰＣＣマーカーはコーチングが正しく行われているかどうかを確認する指標

▼8つに分けられたコンピテンシー（デキる人材の共通特性）リスト

ＰＣＣマーカーには37の項目があり、コンピテンシー1から8まで8つのグループに分類されています。このリストを見てチェックすることで、「コーチングがまあまあできています」とか、「もう少し頑張ってください」といったあいまいなフィードバックではなく、自分のコーチングのどこができていて、どこができていないかを具体的に確認できます。

国際コーチング連盟が行っている資格の認定試験でも、ＰＣＣマーカーに沿ってコーチングが適切に行われているかどうかをチェックします。

私もコーチングのセッションが終わったら、自分のコーチングを振り返るためにＰＣＣマーカーを見て、セルフチェックを行っています。

▼コンピテンシー1とコンピテンシー2

コンピテンシー1は、「論理や倫理に基づいたコーチングを実践しているかどうか」という抽象的な内容です。

コンピテンシー2は、「コーチングマインドを体現しているか」という内容で、コンピテンシー3からコンピテンシー8の中でより具体的に記載されています。

そのため、ここではコンピテンシー1と2は省略し、コンピテンシー3〜8について解説します。

▼コンピテンシー3「合意の確立と維持」

コンピテンシー3は合意の確立と維持についての項目で、コーチングの導入部分で意識するポイントです。わかりやすく言うと、コーチングをはじめる際に、コーチングのテーマとゴールをクライアントに聞きましょう、ということです。

セッションの冒頭で、このセッションで何を達成したいかゴールを具体的に定めることが重要です。

3.1　コーチはクライアントのパートナーとして共に、クライアントがこのセッションで何を達成したいかについて確認したり、再確認したりしている。

テーマとゴールを確認し続けましょうということで、ポイントは「再確認する」です。コーチはセッションの最初にテーマとゴールを聞きます。

コーチングのセッションが進むにつれて、話の内容がテーマやゴールからずれてきたと思った場合や、クライアントの話の内容から、コーチが「ゴール、あるいはテーマを変えたほうがいいのではないか？」と感じた場合には、クライアントに「このままのテーマやゴールで続けていいのか？」「違うテーマやゴールのほうが適切ではないか？」を再確認します。

3.2 コーチはクライアントのパートナーとして共に、クライアントがこのセッションで達成したい成功の尺度を定義したり、再確認したりしている。

このセッションで達成したい成功の尺度を具体的にします。最初に聞いたテーマとゴールがあいまいな場合は、それらをより具体的にすることが必要です。

たとえばクライアントが、「残業時間を減らすためにできることを考えたい」というテーマを出しました。このままではあいまいなので、「どれくらい減らしたいですか？」と質問することで、「今は毎日会社に9時まで残っているので、7時に帰るための方法を考えたい」といった具体的な目標を、クライアントに決めてもらいます。

3.3 コーチは、このセッションで達成したいことについて、クライアントにとって何が重要で意味があるのかについて問いかけたり探索したりしている。

「なぜこのテーマにしたのか？　あなたにとって何が重要でどういう意味があるのか？」について問いかけます。

具体的には、「あなたにとってこのテーマはどういう意味があるのですか？」と質問をします。コーチによるこの質問に答えることで、クライアントにとってのテーマの重要性が明確になります。

3.4 コーチはクライアントのパートナーとして、クライアントがそのセッションの中で達成したいことに向けて、何に取り組まねばならないと考えているかを特定できるようにしている。

セッションの中で達成したいゴールが抽象的な場合、それを具体的な行動に落としこめるレベルにします。

たとえばクライアントに「昇格試験に合格したい」という目標があったとします。このとき、昇格の条件が5つあると、セッションの決められた時間内にそのすべてをとり扱うことは難しいでしょう。この場合、「昇格に向けて、このセッションではどれを扱いますか?」と質問してテーマを特定します。あるいはその日のテーマが現状と理想のギャップであれば、どんなギャップがあるのか、いくつかあげてもらいましょう。

まずはそうやってテーマを広げてから、セッション中にどれを扱うかを決めます。

▼コンピテンシー4「信頼と安全を育む」

コンピテンシー4は「信頼と安全を育む」で、コーチングの導入部分で意識するポイントです。ひと言で言うと、クライアントと信頼関係（ラポール）を築くことです。

大切なのは「この場では自由になんでも話していい」という雰囲気をつくることです。「コーチングをします」と合意をとったあとに、自由に話してもいいという雰囲気をつくることが大事です。

4.1 コーチは、コーチングプロセスの中で、クライアントの独自の才能、洞察力、取り組みを認め、尊重している。

クライアントを承認することを意識します。たとえばクライアントが何かに取り組んだことや、考えていることを承認することも大事です。「あなたはそう考えているのですね」と言うのも承認です。

コーチは「さすがだね」「もっと頑張ってね」といった評価をせず、「3件訪問したのですね」などと、クライアントが取り組んだ事実を承認するようにしましょう。

クライアントは自分が行ったことをコーチに認められることで、さらにどんなことができるかについて考えるきっかけが得られます。

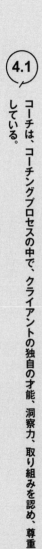

4.2 コーチはクライアントへのサポート、共感、関心を示している。

コーチングで大事なのは、コーチがクライアントに共感を示し、関心を持つことです。クライアントが何か話をしたときには、「その気持ちはよくわかります」と、できるだけ共感を示しましょう。

あるいは、「なぜそう思っているんですか?」と質問をして、相手が話していることに関心を示すことも大事です。

4.3 コーチは、クライアントが感情、物の捉え方、関心、信念、懸念を表現することを承認し、支援している。

コーチはクライアントに、話したいことはなんでも話してください、と示して承認します。クライアントが話しにくいようであれば、話せるようにサポートします。

たとえばクライアントが、「自分はこんなところが問題だと思っています」「こんなことを心配しています」といったことを話した場合、「あなたはそこを気にしているんですね」と承認することで、「ここで話してもいいですよ」という雰囲気をつくります。あるいは、「コーチには言いたくない」と言うのであれば、その気持ちも承認します。

4.4 コーチは、クライアントのパートナーとして、コーチの働きかけに何らかの形で反応をするようクライアントをいざない、クライアントの反応を受け取っている。

コーチは、ときにはクライアントに自分の意見を言うことがあります。もちろんコーチングの場ですので、コーチの意見は指示や命令ではありません。「自分はこう思ったけれども、あなたはどう思いますか?」とコーチが働きかけて、クライアントがなんらかの反応をするように仕向けるのです。

ここで大事なのは、クライアントの反応を受けとるコーチの姿勢です。

たとえ上司と部下の関係であっても、セッションではコーチの意見にクライアントを従わせるのではなく、クライアントが思ったことや感じたことについて、コーチは「そうなんですね」と承認してください。

▼コンピテンシー5「今ここに在り続ける」

コンピテンシー5、6、7はコーチングの中盤～終盤部分で意識するポイントです。

コンピテンシー5の「今ここに在り続ける」は、コーチングをする上で非常に大事な前提です。

クライアントに対するコーチの思いこみや勝手な解釈をいったんとり払って、今のコーチングに集中すること――それが「今ここに在り続ける」ことです。

5.1 コーチはクライアントのその人全体に（何者か）に対応している。

コーチは、このテーマで話をしているクライアントはいったいどういう人なのか？　を意識して話をします。

たとえば、「今回のテーマとあなた自身はどういうつながりがありますか？」とか、もう少しテーマを具体的にすると、「売上が上がるとあなたの人生にどういう影響がありますか？」といった質問をします。

5.2 コーチは、そのセッションの中でクライアントが達成したいこと（何を）に一貫して対応している。

コーチングのセッションの途中でテーマやゴールがずれてきたと思ったら、軌道修正をします。つまり、コーチは最初のテーマとゴールに戻すか、あるいは新たなテーマやゴールを設定するかをクライアントに確認して、セッションを進めます。

5.3 コーチはクライアントのパートナーとして、セッションの中で起こることについて、クライアントが選択できるよう支援している。

コーチングの中でいくつかのテーマが出てくることがあります。そういうときは「今、AとBという2つのテーマが出てきましたが、まずどちらから話しますか？」とクライアントに選択肢を提示してください。あるいは、クライアントが選択肢を自分で狭めているとコーチが感じるときには、「話を聞いていると、あと3つくらいは選択肢があるように思えます。ほかにどんなものがありそうですか？」と選択肢を広げるための質問をしましょう。

コーチに質問されることで、クライアントは「顧客にアプローチするためには電話以外にもメールやライン、ハガキなどもあるかもしれない」と、新たな選択肢を思いつくかもしれません。

5.4 コーチはクライアントのことをより知りたいという好奇心を示している。

「相手のことをもっと知りたいと思って、積極的に話を聞きましょう」ということです。

コーチが上司である場合にありがちなのが、良かれと思って、部下の課題を自分が判断するために話を聞いてしまうことです。しかし、それは部下が自分自身で決めることで、上司が決めることではありません。

コーチングを行うときは、あくまで部下のことをもっとよく知りたいという好奇心からコーチングを行いましょう。

5.5 コーチはクライアントの沈黙、間、内省を受け入れている。

コーチングに慣れていないときは、クライアントが黙っているとなんとなく気まずくなって、「黙っていたらわからないですよ」などと話しかけたくなることがあります。

しかし、クライアントが黙っているのは自分自身と対話しているからです。その時間を受け入れて、クライアントから話し出すまで待ってください。

もし途中で沈黙に耐えられなくなったら、心の中で数を数えてみてください。思いのほか時間がたっていないことに気がつきます。それを繰り返すうちに、徐々に沈黙にも慣れてきます。

逆に、コーチがクライアントに自分の心をじっくり見つめてほしいと思う場合には、「これは大事な質問なので、ゆっくり時間をとって考えてください」と前置きをしてから質問をして、相手の内省をうながすこともあります。

▼コンピテンシー6「積極的傾聴」

コンピテンシー6は「積極的傾聴」です。クライアントの話をきちんと聞きましょう、ということです。コーチングでは「話す」と「聞く」の割合は、クライアント（部下）が8割話して、コーチ（上司）が2割以下で合格点です。

6.1 コーチの質問や観察は、コーチが、クライアントがどんな人で、どんな状況に置かれているかを理解した上で、カスタマイズされている。

「前にもこんなことをお話しされてましたね」とか、「お子様が2人いらっしゃいましたよね」などと、前に聞いた話を伝えるなどして、コーチがクライアントのことを気にかけていることを伝えます。

6.2 コーチはクライアントが使う言葉について問いかけたり探索したりしている。

クライアントが何気なく使った言葉の中でコーチが気になったものがあれば、それをいったん返してあげることで、クライアントの思考が深まることがあります。

たとえば感情を表す言葉です。「今、しんどいと言っていたけど、それって具体的にどういうことですか?」と聞かれると、相手はハッとして「これってどういうことだろう?」と、改めて自分を見つめなおします。そうすると、「しんどいのはAさんと一緒にいると自分がプレッシャーを感じるからだ」などと新たな気づきが生まれます。

6.3 コーチはクライアントの感情について問いかけたり探索したりしている。

コーチは「今、どう感じていますか?」とクライアントに聞いてみましょう。

たとえば「先週こんなことがありました」とクライアントが言ったときに、「そのときどう感じましたか?」と尋ねます。

相手から感情を表す言葉が出てきたら、「どうしてそこで悲しくなったのですか?」「どうして悔しいと思いましたか?」など、さらに深掘りしましょう。

6.4 コーチは、クライアントのエネルギーの変化、非言語的な合図、またはその他の行動を探索している。

クライアントと話をしていて、相手の声のトーンが変わったり、言い淀んだり、あるいは目が泳いだり、といったクライアントの声や表情などの変化についても、注意深く観察しましょう。

6.5 コーチは、クライアントが自分自身や自分の世界を現在どう捉えているかについて、問いかけたり探索したりしている。

クライアントの世界観について尋ねます。具体的には、クライアントに「あなたは、ご自身が今置かれている状況についてどのように感じていますか？」などと質問します。

6.6 コーチは、明確な目的がない限りクライアントの話を遮らず、最後まで話させている。

コーチはクライアントの話をさえぎらずに、最後まで話をさせてください。もし話を中断させる場合には、なぜ中断するのか明確な目的が必要です。目的もなく話を途中で切ると「この人は話を聞いてくれない人だ」と思われて、クライアントとの間に信頼と安全を育むことができません。

明確な目的があるというのは、たとえばこんな場合です。

コーチングの途中でクライアントが、「どうせ僕はダメなんです。客先では話を聞いてもらえないし、先輩は相談に乗ってくれないし、同僚は傍観しているだけだし……」と延々と愚痴を言い続けているとします。

そのようなときには、「ちょっと話が変わるけど、今日の晩御飯は何を食べました？」と、あえて相手の話をさえぎって、まったく関係ない質問をしていったん相手の感情の流れを切ります。

その後、「前の会社でも同じようなことがあったと思うけど、その問題をどうやって解決しましたか？」とか、「3年後のあなただったら、今の自分に向けてどんなアドバイスをしますか？」といった質問をして、話をもとのテーマとゴールに戻しましょう。

6.7 コーチはクライアントの明解さと理解を深めるために、クライアントが伝えたことを端的に反映したり、要約したりする。

クライアントが話をしたあとで「つまり、こういうことですか?」とクライアントの話を要約します。できる限り相手が使った言葉を使って要約することが大事です。

▼コンピテンシー7「気づきを引き起こす」

コンピテンシー7は「気づきを引き起こす」です。積極的に質問をして、相手に気づきを引き起こしてください、ということです。

7.1 コーチは、クライアントの現在の考え方、感情、価値観、ニーズ、欲求、信念、行動について質問をしている。

具体的には、「どうしてこれをしたのですか?」「あなたの信念はなんですか?」といった質問や、「その信念を大事にしている3年後のあなただったら、何をどのように行いますか?」「なぜそういう結論に至ったのですか?」などの質問です。

本人にとっては当たり前のことでも、あらためて質問されることで本人の内省をうながし、気づきにつながります。

7.2

コーチは、クライアントが自分自身（何者か）について現在持っている思考や感情を超えて、それらをより新しいあるいはより広い捉え方で探索することに役立つ質問をしている。

クライアントが持っている凝り固まった考え方を超えて、自分にどのような可能性があるかを考えてもらうために質問をします。たとえばクライアントが、「絶対に今月の売上を達成できない」と言っている場合、「達成できる自分がいるとしたら、どんな自分ですか?」と尋ねます。

このようにコーチは、クライアントが現在の自分に対して持っている思考や感情を超えて考えるきっかけを提供します。

7.3

コーチは、クライアントが自身の状況（何を）について現在持っている思考や感情を超えて、それらをより新しいあるいはより広い捉え方で探索することに役立つ質問をしている。

クライアントが現在の状況に対して凝り固まった考え方をしている場合には、たとえば「今、あなたはピンチで落ちこんでいるけれども、同僚の山田君だったらどうすると思いますか?」とか、「5年後のあなただったらどうしますか?」などと、視点を変えるための質問をしてみます。

そうすると、「彼だったら、試されていると思うかもしれない」とか「5年後の自分なら、いいところを見せるチャンスだと思っている」など、今の自分の思考の枠を広げて考えることができるようになります。

7.4

コーチは、クライアントが望む結果に向けて、現在の思考、感情、行動を超えて探索していくことに役立つ質問をしている。

クライアントが望む結果に向けて探索する、というところがポイントです。望む結果、つまりゴールやその先に目を向けます。

たとえば「売上目標が達成できません」というときに、「もし売上目標が達成できたとしたら、どんな気持ちになりますか？」とか、「売上が200％達成できたらどんな気分ですか？　そのためにどんなことができますか？」と、本人が望む結果になったときにどう思うか質問をします。

あるいは、「木村君が先月、目標を200％達成したけれども、彼はどんなことをしたのかな？」と質問をすれば、「そういえば、こんなことをしていました」と気づきを得たり、「いや、知らないです。一度、彼に聞いてみます」など、クライアントの新たな選択肢を増やすことができたりします。

コーチは、クライアントが自分の枠を超えて考えるきっかけを提供できるように、常に意識しましょう。

7.5 コーチは、クライアントに観察、直観、所感、見解または感情を（それに執着することなく）共有し、言葉または声のトーンによって、クライアントの探索を促がしている。

ポイントは「共有しなさい」という点で、コーチが思っていることを常にクライアントにフィードバックしなさいということです。

具体的には、「あなたは悲しそうに見えます」「口ではそう言っていますが、がっかりしているように感じます」といったフィードバックをしましょう、ということです。

「執着することなく」とは、コーチの意見や直感が正しいわけではなく、「私はこう思うけれども、あなたはどう思いますか？」と問いかけるように、という意味です。

クライアントは、コーチのフィードバックを聞いて、「コーチからは自分がそう見えているのか。確かにそう考えているところもある」と思ったり、「コーチにはそう見えているのか。でも、実際自分はそんなふうには感じないな」と思ったりして、自分の内面を見つめられるようになります。

7.6 コーチは、クライアントが考えたり感じたり振り返ったりしやすいペースで、一問ずつ、明快に、単刀直入に、主にオープンクエスチョンで質問している。

前述したように、質問にはオープンクエスチョンとクローズドクエスチョンがあります（↓119ページ参照）。

オープンクエスチョンは「いつですか?」とか「どこですか?」「どうやってやりますか?」といった5W2Hで聞く質問です。

クローズドクエスチョンションは、「はい」か「いいえ」で答えられる質問です。

コーチングでは、クライアントの思考を広げるため、オープンクエスチョンで明快に、単刀直入に質問します。質問をするときには、クライアントが考えたり、感じたり、振り返ったりしやすいペースで1つずつ質問していきましょう。

7.7 コーチは、概して明確で簡潔な言葉を使っている。

コーチは簡潔でわかりやすい質問をしてください。

7.8 コーチは、対話の大部分をクライアントが話せるようにしている。

コーチングでは、少なくとも全体の8割はクライアントが話せる状況である必要があります。

クライアント自身が話す時間や考える時間を十分にとるためにも、コーチからの質問は短く、簡潔にしましょう。

▼コンピテンシー8「クライアントの成長を促進する」

コンピテンシー8は「クライアントの成長を促進する」で、コーチングの終盤で意識するポイントです。

今回のコーチングから次回のコーチングまでの間、クライアントに何をどう実践するかを確認します。たとえセッションの中でクライアントに気づきがあっても、そのあとに何もしなければクライアントの行動は変わりません。

自分で決めたことを実践してもらうことは、クライアントの成長にとって非常に重要です。

8.1 コーチは、クライアントがそのセッションの中で達成したかったことに向けて、前に進む探求を促がしたり許容したりしている。

クライアントが今日のゴールを決めたら、コーチはクライアントがあれこれ考えて立ち止まることなく、ゴールに向かって前に進めるようにサポートをします。

ただし、何がなんでも、いつでも前に進まなければいけないわけではありません。必要であればしばらく立ち止まってもかまいません。

8.2 コーチは、クライアントが自分は何者なのかについての学びを、セッションで話す、または探索することを促がしている。

それまでのコーチングのセッションの中で、クライアントが自分自身について気づいたことや学んだことをセッション内で話したり、自身の内面をより深く探索するように、できる限りうながしましょう。

8.3 コーチは、そのセッションでクライアントの置かれている状況（何を）について、自身の学びを述べる、または探索することを促がしている。

それまでのコーチングのセッションの中で、クライアントが自分の今の状況について気づいたことや学んだことをセッション内で話したり、自分自身の今の状態をより詳しく観察することもうながします。

8.4 コーチは、クライアントがこのコーチングセッションからの新しい学びをどう活用するか考えるよう促がしている。

クライアントがこのコーチングの時間で学んだことを、具体的にどう活用して自身の成長につなげるのかを考えます。これが、前述した大人の宿題です（↓236ページ参照）。大人の宿題では、何をどうするのかをクライアントが自分で考えて選択肢をつくり、自分で選ぶことが重要です。

8.5 コーチはクライアントのパートナーとして、セッション後の思考、振り返り、行動をデザインしている。

コーチングが終わったあとにどんなことを考えるか、どんな振り返りをするか、どんな行動をするかを考えます。上司が部下にコーチングをするときには「来月までにどんな行動をしますか？」と、行動ばかりに目がいきがちです。行動はもちろん大事ですが、コーチングで気づいたことについて考えたり、振り返ったりすることにも意味があります。

8.6 コーチはクライアントのパートナーとして共に、使える情報、支援、障壁の可能性なども含めて、どのように前進するのかを考えている。

今回のコーチングでの学びを活用して、翌日からの行動、つまり大人の宿題で何をするかを考えます。コーチはクライアントが活用できる情報や、受けられる支援（たとえば会社の同僚に一緒にやってもらう、具体的なやり方をネットで調べるなど）について、アイデアを出すサポートをします。

もう1つ考えておかなければいけないのが、実行するときに起こりうる障害です。本人はやる気満々で、最初は「頑張ります！」と言っていても、実際に試してみると壁に突き当たって進めなくなることが往々にしてあります。

そうなると、次のセッションでは「なんだ、やっていないじゃないか！」となって、良いサイクルになりません。そうならないために、あらかじめコーチングのセッションで、生じうる障壁やトラブルの可能性と、実際にそれらが起こったときの対応策を考えておくと、決めたことを実行しやすくなります。

たとえば、「同僚が協力してくれないかもしれない」と懸念がある場合、「そんな事態が起こったらどうしますか?」とあらかじめクライアントに考えさせることで、実際にそういうことが起きても対応できる可能性が高くなります。

コーチングのセッションの中では、情報を与えたり支援について考えるだけではなく、起こるかもしれない障壁とその対応策ついても、先回りして一緒に考えておきましょう。

8.7 コーチはクライアントのパートナーとして共に、双方にとって最適なコミットメントの形を作り出している。

少し抽象的な表現ですが、クライアントにとって、どういう大人の宿題であればより実現しやすいかを、コーチがサポートしながら、クライアント自身が考えて答えを見つけて実行しましょう、ということです。

8.8 **コーチはクライアントの進歩と学びを祝福している。**

今回のセッションの中で、クライアントが一歩進んだこと、また1つ学びがあったことを祝福します。

8.9 **コーチはクライアントのパートナーとしてどのようにこのセッションを終わらせたいかについて協働している。**

セッションの最後に、「これでコーチングを終わります。大丈夫ですね？」と合意をとってセッションを終了します。

▼部下をコーチングをしながら自分も成長

ここまで37のPCCマーカーについて解説してきました。

PCCマーカーについては、私自身も学べば学ぶほど新しい気づきがあります。つまり、「PCCマーカーについてしっかり学んでいないからコーチングができない」ということはないと思ってください。

もし全部をわかっていないとコーチングをしてはいけないのであれば、いつまでたってもコーチングをしてはいけないことになります。

PCCマーカーについて学べば学ぶほど新しい気づきがあるということは、自分には伸びしろがまだまだあるということでもあります。自信がないからコーチングはできませんというのではなく、今すぐコーチングを積極的に活用して、部下の成長をサポートしてください。コーチングをやり続けると、あなたもどんどんコーチとして成長します。

【著者紹介】

あべき 光司（あべき こうじ）

プロフェッショナルコーチ
税理士
EMP税理士法人 代表

1975年生まれ。大阪府高槻市出身。

大阪外国語大学（現在の大阪大学外国語学部）卒業後、大手システム会社でデータベース設計、業務システム分析などを担当。その後、ITベンチャー企業を経て税理士に転身。2016年に税理士として独立。

ITやコーチングのスキルを活用し、創業９年目でグループ全体で従業員160人、税理士業界トップクラス（上位0.5%）の総合事務所に成長させた。また、離職率が高い会計業界で７年連続で離職率０％を誇る。

障がい者の就労支援施設や飲食業など多角的な経営展開とＭ＆Ａを活用した支店設置などが業界内外で注目を浴び、５年前より「オーナー士業® 超実践講座」を開講。５年で130名以上が修了。関西大学をはじめ、商工会議所、日本青年会議所、複数の大手生命保険会社などでセミナーを実施。

2016年来、毎日配信のメルマガは通算号数2000超。平均開封率17%程度のメルマガ業界にあって、異例の開封率40%超をコンスタントに叩き出している。

コーチング業界での最大団体である国際コーチング連盟認定のプロフェッショナルコーチでもあり、コーチングセッションは通算2500時間超。

趣味はマラソン。2021年にひと月かけて東京から芦屋まで582kmを完走。ルービックキューブ最速29.992秒。著書に『オーナー士業® になって、たちまち年商１億円を突破する方法』（当社刊）がある。

リーダーのためのコーチングがイチからわかる本

2024年 10月29日　　第1刷発行

著　　者 ── あべき 光司
発 行 者 ── 徳留 慶太郎
発 行 所 ── 株式会社すばる舎
〒170-0013　東京都豊島区東池袋3-9-7 東池袋織本ビル
TEL　03-3981-8651（代表）　03-3981-0767（営業部直通）
FAX　03-3981-8638
URL　https://www.subarusya.jp/
装　　丁 ── 小口翔平＋村上佑佳（tobufune）
本文意匠 ── suganumax
図版作成 ── 正満 悠子（すばる舎）
企画協力 ── 松尾 昭仁（ネクストサービス）
編集担当 ── 菅沼 真弘、正満 悠子（すばる舎）
印　　刷 ── 株式会社シナノパブリッシングプレス

ISBN978-4-7991-1279-3